DIREITO DE EMPRESA

tipos e operações societárias

SÉRIE ESTUDOS JURÍDICOS: DIREITO EMPRESARIAL E ECONÔMICO

Jailson de Souza Araujo

Rua Clara Vendramin, 58 . Mossunguê . CEP 81200-170 . Curitiba . PR . Brasil
Fone: (41) 2106-4170 . www.intersaberes.com.br . editora@intersaberes.com

Conselho editorial Dr. Alexandre Coutinho Pagliarini, Drª Elena Godoy, Dr. Neri dos Santos, Mª Maria Lúcia Prado Sabatella ▪ **Editora-chefe** Lindsay Azambuja ▪ **Gerente editorial** Ariadne Nunes Wenger ▪ **Assistente editorial** Daniela Viroli Pereira Pinto ▪ **Preparação de originais** Fabrícia E. de Souza ▪ **Edição de texto** Monique Francis Fagundes Gonçalves, Palavra do Editor ▪ **Capa** Luana Machado Amaro ▪ **Projeto gráfico** Mayra Yoshizawa ▪ **Diagramação** Rafael Zanellato ▪ **Designer responsável** Charles L. da Silva ▪ **Iconografia** Regina Claudia Cruz Prestes

Dados Internacionais de Catalogação na Publicação (CIP)
(Câmara Brasileira do Livro, SP, Brasil)

Araujo, Jailson de Souza
  Direito de empresa : tipos e operações societárias / Jailson de Souza Araujo. -- Curitiba, PR : InterSaberes, 2024. -- (Série estudos jurídicos : direito empresarial e econômico)

  Bibliografia.
  ISBN 978-85-227-1318-9

  1. Direito empresarial – Brasil 2. Sociedades comerciais – Legislação – Brasil I. Título. II. Série.

24-200344   CDU-34:338.93(81)

Índices para catálogo sistemático:
  1. Brasil : Direito empresarial 34:338.93(81)
Cibele Maria Dias – Bibliotecária – CRB-8/9427

1ª edição, 2024.

Foi feito o depósito legal.

Informamos que é de inteira responsabilidade do autor a emissão de conceitos.

Nenhuma parte desta publicação poderá ser reproduzida por qualquer meio ou forma sem a prévia autorização da Editora InterSaberes.

A violação dos direitos autorais é crime estabelecido na Lei n. 9.610/1998 e punido pelo art. 184 do Código Penal.

Sumário

11 ▪ Apresentação

Capítulo 1
15 ▪ Sociedades: noções gerais
21 | Conceito de sociedade
22 | Sociedades personificadas e não personificadas
25 | Contratos empresariais

Capítulo 2
41 ▪ Constituição das sociedades
44 | Regras comuns
47 | Sociedade entre cônjuges
48 | Sociedade entre companheiros em união estável
48 | Participação nos lucros e nas perdas

Capítulo 3
51 ▪ Sociedades não personificadas
52 | Sociedade em comum
54 | Sociedade em conta de participação

Capítulo 4
57 ▪ Tipos societários
63 | Sociedade em nome coletivo e sociedade em comandita simples
65 | Sociedade simples e sociedade empresária
78 | Sociedade cooperativa
86 | Sociedade de advogados
88 | Sociedade limitada
104 | Sociedade por ações

Capítulo 5
163 ▪ Startups e Inova Simples
166 | Conceito e características das startups
170 | Marco legal das startups e do empreendedorismo inovador
176 | Inova Simples
180 | Regime diferenciado de responsabilidade do investidor-anjo
181 | Resultados financeiros e a remuneração dos sócios da startup
183 | Compromisso de sigilo e confidencialidade

Capítulo 6
189 ▪ Dissolução e liquidação das sociedades
192 | Dissolução parcial da sociedade
200 | Dissolução total da sociedade
203 | Liquidação extrajudicial da sociedade
210 | Liquidação judicial da sociedade
213 | Dissolução, liquidação e extinção de sociedade por ações

Capítulo 7
215 ▪ Transformações e reorganizações societárias
   222 | Transformação societária
   227 | Incorporação, fusão e cisão societária

Capítulo 8
257 ▪ Sociedades dependentes de autorização
   260 | Sociedade nacional
   262 | Sociedade estrangeira

271 ▪ *Considerações finais*
275 ▪ *Referências*
287 ▪ *Sobre o autor*

À minha amada esposa, Ticiane, e aos meus queridos filhos, Laura e Leonardo, com todo o meu amor.

Apresentação

Esta obra foi planejada com o objetivo de apresentar, com uma linguagem descomplicada e de modo claro e objetivo, os tipos e operações societárias previstos na legislação brasileira.

Assim, trataremos de aspectos fundamentais e de relevância prática para a adequada compreensão e contextualização do direito societário em cenários jurídicos e econômicos atuais, bem como dos direitos e deveres de sociedades empresárias e seus sócios.

Tendo isso em vista, destacaremos o conteúdo de edições atualizadas de manuais e cursos de direito empresarial de autores consagrados, como Calixto Salomão Filho, Fábio Ulhoa

Coelho, Gladston Mamede, Marlon Tomazette, Sérgio Campinho e Ricardo Negrão. Também veremos a produção dos empresarialistas atentos aos novos fenômenos do direito empresarial, como a sociedade anônima do futebol e as novas configurações societárias voltadas ao fomento de novas tecnologias, tais como as startups.

Para fundamentar os conceitos teóricos na respectiva fonte legislativa, os temas abordados nesta obra fazem referência expressa à legislação aplicável em diversos contextos, notadamente ao Código Civil brasileiro de 2002 e à Lei das Sociedades por Ações, assim como aos enunciados do Conselho da Justiça Federal (CJF) pertinentes ao direito societário.

Para não perdermos o contato com a realidade e com a aplicação prática do direito empresarial, apresentaremos exemplos de situações com sociedades reais, de modo a ilustrar os conceitos e facilitar a compreensão do assunto.

Dessa forma, para além da compreensão dos institutos clássicos e da legislação atinente ao direito societário, esperamos que a leitura desta obra desperte em você, leitor, o interesse por temas atuais, como programas de integridade corporativa, *compliance*, ética nos negócios, responsabilidade social empresarial e desenvolvimento sustentável, inerentes ao estado da arte do direito societário. Examinaremos recentes marcos legislativos que trouxeram inovações relevantes, como a Lei Complementar n. 182/2021 (marco legal das startups), a Lei n. 14.193/2021 (sociedade anônima do futebol) e a Lei n. 13.874/2019 (Declaração de Direitos de Liberdade Econômica).

Para alcançarmos os objetivos propostos, dividimos esta obra em oito capítulos. Os primeiros três capítulos enfocarão conceitos essenciais das sociedades, contratos empresariais, função social do contrato de sociedade, regras inerentes à constituição das sociedades e sociedades não personificadas.

No quarto capítulo, veremos os tipos societários previstos na legislação brasileira, a serem analisados ao longo desta obra: sociedades simples e empresárias, com ênfase no estudo das sociedades limitadas e das sociedades anônimas, que compreendem tipos societários bastante utilizados e de grande relevância social e econômica.

No quinto capítulo, abordaremos as startups e o Inova Simples, voltados a sociedades focadas no empreendedorismo inovador, com exploração de novas tecnologias e criação de novos produtos e soluções.

No sexto capítulo, descreveremos a etapa de encerramento das sociedades, explorando os temas da dissolução e da liquidação.

No sétimo capítulo, analisaremos as operações de transformação e reorganização societária.

Finalmente, no oitavo capítulo, encerraremos com a abordagem das sociedades dependentes de autorização, nacionais e estrangeiras.

Desejamos que a leitura seja agradável, útil e capaz de sinalizar caminhos auspiciosos para o correto exercício da atividade empresarial como instrumento de promoção do desenvolvimento econômico e social, respeitados os princípios da atividade econômica, previstos no art. 170 da Constituição, e observada a função social da atividade empresarial. Desse modo, podemos impulsionar, de maneira efetiva, a construção do Brasil idealizado no art. 3º de nossa Carta Magna: uma sociedade livre, justa e solidária, que garanta o desenvolvimento nacional, elimine a pobreza e a marginalização, reduza as desigualdades sociais e regionais e promova o bem de todos.

Boa leitura!

Capítulo 1

Sociedades: noções gerais

O comércio sempre teve um papel relevante no desenvolvimento da humanidade, sendo considerado como um fator de integração e intercâmbio entre os povos ao longo da história, apesar de eventuais diferenças políticas, ideológicas ou religiosas.

Oferta de crédito, abertura e encerramento de empresas, falências, celebração de contratos, cobranças e protestos de títulos, união de empreendimentos, registro de novas tecnologias, controle de práticas econômicas abusivas, *shopping centers*, *market share*, defesa dos direitos do consumidor, importação e consumo de produtos estrangeiros, financiamento de empreendimentos, câmbio de moedas, negociação de ações em bolsa de valores, circulação de bens e valores, exploração comercial de recursos naturais, enfim, são atos que envolvem operações mercantis e que dizem respeito aos cidadãos e à coletividade, por regular funcionamento da economia.

Ninguém está desvinculado dos efeitos dessas atividades, já que uma existência digna depende do consumo de produtos e serviços que, como regra geral, não conseguimos produzir por conta própria.

Dependemos de fornecedores de produtos e serviços que nos ofertem regularmente tudo o que é necessário para uma vida digna: alimentos, vestuário, serviços essenciais como água, luz, telefonia, transporte coletivo, internet, educação, banco, seguradora, eletrodomésticos, medicamentos, veículos, mobiliário, construção civil, entre outros.

Vivemos o direito empresarial no dia a dia, na medida em que muitas das atividades essenciais para o fornecimento de produtos e serviços que utilizamos estão organizadas e formalizadas por meio de uma empresa.

Dadas a importância social e econômica da constituição e do funcionamento regular de empresas em sociedades que adotam o sistema econômico capitalista, como é o caso do Brasil, a atividade econômica está fundamentada em princípios gerais, que buscam valorizar o trabalho humano e a livre iniciativa, com o objetivo de assegurar a todos uma existência digna, conforme estabelece o art. 170 da Constituição Federal de 1988.

Sistemas econômicos se baseiam na circulação de riquezas, e o dinheiro surge pelas transações comerciais. Daí decorre a preocupação do Estado em vincular à norma constitucional os princípios que regem a ordem econômica.

São direitos assegurados aos empreendedores o respeito à propriedade privada, inclusive dos meios de produção, a respectiva exploração com fins lucrativos e a livre concorrência[1].

Diante disso, há uma tendência de se buscar a preservação a empresa, dada a sua função social, em virtude dos valores a ela agregados, como manutenção de postos de trabalho, recolhimento de tributos, desenvolvimento de novas tecnologias e

---

1 "Art. 170. A ordem econômica, fundada na valorização do trabalho humano e na livre iniciativa, tem por fim assegurar a todos existência digna, conforme os ditames da justiça social, observados os seguintes princípios: [...] II - propriedade privada; [...] IV - livre concorrência; [...]" (Brasil, 1988).

promoção do progresso e desenvolvimento econômico e social na comunidade em que se instala.

Os princípios da atividade econômica, previstos no art. 170 da Constituição, mostram um caminho para que a sociedade e o direito avancem na adoção de meios que viabilizem a sobrevivência das atividades empresariais como forma de evolução social, sem dispensar os cuidados ao meio ambiente, o respeito ao consumidor e a redução das desigualdades regionais e sociais.

Portanto, a função social da atividade empresarial é alcançada quando, além de cumprir os papéis elencados nos parágrafos anteriores, a empresa observa os seguintes aspectos, citados na Constituição: solidariedade (art. 3º, I), promoção da justiça social (art. 170, caput), livre iniciativa (art. 170, caput, e art. 1º, IV), busca do pleno emprego (art. 170, VIII), redução das desigualdades sociais (art. 170, VII), valor social do trabalho (art. 1º, IV), dignidade da pessoa humana (art. 1º, III), além da observação dos valores ambientais, citados pelo Código de Defesa do Consumidor (CDC, art. 51, XIV), entre outros princípios constitucionais e infraconstitucionais.

O Código Civil de 2002 unificou o direito privado. A unidade acarretou a adoção do conceito de empresa, fundamentado na **teoria italiana da empresa**, em detrimento da teoria dos atos de comércio, prevista no Código Comercial de 1850.

A aplicação do Código Civil de 2002 para o direito empresarial ocasionou a revogação da dubiedade quanto à disciplina dos contratos e das sociedades, pois tais matérias eram reguladas pelo Código Civil de 1916 e pelo Código Comercial de 1850, atualmente inaplicáveis ao direito empresarial.

A evolução do direito empresarial também pode ser observada na medida em que o conceito de **comerciante**, descrito no Código Comercial de 1850, evolui para o conceito de **empresário**, previsto no Código Civil de 2002, em que sua qualificação como tal independe do objeto da atividade, privilegiando as atividades econômicas organizadas, hoje passíveis de serem enquadradas como empresa, e não apenas as atividades comerciais, como preconizava a legislação já revogada.

Ao estabelecer um conceito unitário, o Código Civil acompanhou a evolução do direito comercial, inclusive quanto à distinção entre o tratamento atribuído ao comerciante tradicional e o conferido ao prestador de serviço.

Tendo em vista que alguns produtos e serviços, dada a complexidade inerente à sua natureza, dependem de uma união de esforços e recursos para serem ofertados no mercado e considerando que raramente uma única pessoa é capaz de reunir todas as habilidades, competências e recursos financeiros necessários ao desenvolvimento de um projeto de excelência, inevitavelmente a realização de parcerias acaba sendo fundamental. Desse modo, com a soma de esforços e talentos de diversas pessoas, pode-se viabilizar a materialização de uma ideia auspiciosa em um projeto bem-sucedido.

Dessa necessidade nascem as parcerias comerciais, formadas com pessoas que têm afinidade de interesses e propósitos. Esse é o ponto de partida para o nascimento de uma sociedade.

Muitas parcerias comerciais surgem informalmente; logo, a formalização da parceria é um caminho necessário para trazer segurança jurídica aos envolvidos. Nessa formalização, os fundadores do negócio definem os termos da sociedade que está sendo juridicamente constituída, registrando direitos e deveres na sociedade e entre si.

Para formalizar a parceria e definir as regras pertinentes à sociedade, o direito civil estabelece regras que definem os requisitos legais para caracterizar juridicamente uma pessoa como empresário, conforme prevê o art. 966 do Código Civil: "Considera-se empresário quem exerce profissionalmente atividade econômica organizada para a produção ou a circulação de bens ou de serviços" (Brasil, 2002).

O reconhecimento formal como empresário exige que se trate de pessoa física com capacidade civil plena e sem impedimentos legais e que exerça a atividade empresarial com habitualidade e com objetivo de lucro ou qualquer outro resultado econômico.

O direito societário é o ramo do direito responsável pelo estudo das organizações empresariais em sociedade, apresentadas sob diversos tipos societários previstos na legislação brasileira. Tendo isso em vista, na sequência, analisaremos o conceito de sociedade, as sociedades personificadas e não personificadas e o contrato de sociedade.

1.1
Conceito de sociedade

No direito societário, uma sociedade corresponde a um contrato em que bens de produção, capital e trabalho são organizados para viabilizar o desenvolvimento contínuo e profissional de uma atividade econômica, com a finalidade de obtenção de lucro.

De acordo com o art. 981 do Código Civil, "celebram contrato de sociedade as pessoas que reciprocamente se obrigam a contribuir, com bens ou serviços, para o exercício de atividade econômica e a partilha, entre si, dos resultados" (Brasil, 2002).

Portanto, a sociedade constitui-se em uma união entre capitais (recursos financeiros e bens) e pessoas e baseia-se tradicionalmente na contratualidade, com dois ou mais sócios, pessoa física ou pessoa jurídica.

Apesar de o conceito de sociedade nos remeter a uma ideia de pluralidade de pessoas, a legislação admite a existência de um único sócio na sociedade limitada unipessoal.

Essa união de esforços visa atingir objetivos comuns em busca de lucro. Dado o objetivo comum, há uma relação de confiança e identidade entre os sócios, que no direito societário chamamos de *affectio societatis*, expressão que representa o desejo dos sócios de se unirem e permanecerem unidos na sociedade pela força de sua relação de confiança, lealdade e colaboração para alcançar o objetivo comum: a busca do lucro.

Ao final de cada exercício social, o lucro é repartido entre os sócios, na proporção de sua participação na sociedade.

Entretanto, para que a empresa possa existir formalmente, é necessário que o(s) sócio(s) opte(m) por um tipo societário. Ou seja, o empreendedor deve escolher um tipo societário entre os previstos na legislação brasileira e, portanto, com base em suas características peculiares, deve optar por aquela sociedade que melhor representa seus interesses e objetivos empresariais.

— 1.2 —
Sociedades personificadas e não personificadas

A constituição de uma sociedade depende do registro formal de seu ato constitutivo perante os órgãos competentes, de acordo com os arts. 45, 46 e 1.150 do Código Civil:

> Art. 45. Começa a existência legal das pessoas jurídicas de direito privado com a inscrição do ato constitutivo no respectivo registro, precedida, quando necessário, de autorização ou aprovação do Poder Executivo, averbando-se no registro todas as alterações por que passar o ato constitutivo.
>
> Art. 46. O registro declarará:
>
> I – a denominação, os fins, a sede, o tempo de duração e o fundo social, quando houver;
>
> II – o nome e a individualização dos fundadores ou instituidores, e dos diretores;
>
> III – o modo por que se administra e representa, ativa e passivamente, judicial e extrajudicialmente;

IV – se o ato constitutivo é reformável no tocante à administração, e de que modo;

V – se os membros respondem, ou não, subsidiariamente, pelas obrigações sociais;

VI – as condições de extinção da pessoa jurídica e o destino do seu patrimônio, nesse caso. (Brasil, 2002)

Art. 1.150. O empresário e a sociedade empresária vinculam-se ao Registro Público de Empresas Mercantis a cargo das Juntas Comerciais, e a sociedade simples ao Registro Civil das Pessoas Jurídicas, o qual deverá obedecer às normas fixadas para aquele registro, se a sociedade simples adotar um dos tipos de sociedade empresária. (Brasil, 2002)

Cumpridas as devidas formalidades junto ao órgão competente, a sociedade adquire personalidade jurídica, nos termos do art. 985 do Código Civil. Isso significa que ela se torna uma **sociedade personificada**, que pode fazer negócios e possuir patrimônio registrado em nome da empresa de maneira independente de seus sócios. Além disso, a sociedade pode realizar sua atividade arcando com uma carga tributária menor, se comparada ao regime de tributação aplicável às pessoas físicas.

Conforme determina o art. 1.150 do Código Civil, a sociedade empresária tem seu registro arquivado perante a Junta Comercial. Por sua vez, a sociedade simples é registrada perante o Registro Civil das Pessoas Jurídicas. Retomaremos o estudo de ambos os tipos de sociedades oportunamente.

Inexistindo o registro, a sociedade é considerada irregular, ficando sujeita a sanções previstas na legislação, conforme o tratamento dado a sociedades consideradas não personificadas.

A principal sanção para uma **sociedade não personificada** é a responsabilidade ilimitada dos sócios pelas obrigações da sociedade; assim, eles podem responder pelas dívidas decorrentes de obrigações e contratos da sociedade não personificada com o seu patrimônio pessoal, ainda que o modelo societário pretendido (mas não formalizado) seja o de sociedade limitada.

Pode haver ainda sanções de natureza fiscal e administrativa. Por exemplo, sem a inscrição no Cadastro Nacional de Pessoa Jurídica (CNPJ), não é possível obter benefícios bancários voltados à pessoa jurídica (empréstimos, seguros, financiamentos, entre outros produtos financeiros que podem ser contratados com condições mais favoráveis se comparadas às dos produtos voltados ao segmento de pessoa física) nem os benefícios provenientes dos cadastros municipais e estaduais (como emitir nota fiscal). Também não é permitido fazer matrícula no Instituto Nacional de Seguridade Social (INSS). De maneira geral, não se podem celebrar contratos com a administração pública (participação em licitações, pregões eletrônicos etc.), o que impede o empresário de atuar de forma regular no mercado e de realizar contratos com empresas juridicamente e contabilmente organizadas.

Em virtude da ausência de registro, a atividade da sociedade irregular fica restrita à informalidade, com significativa perda de oportunidades para fornecer produtos ou serviços para empresas regulares, tendo em vista que empresas formais e regulares mantêm uma rigorosa escrituração contábil, necessitando que seus forneceres também estejam regulares, inclusive para viabilizar a correspondente emissão de nota fiscal dos produtos e serviços prestados, para que os pagamentos possam ser efetuados.

— 1.3 —
Contratos empresariais

Quem exerce atividade econômica organizada com finalidade lucrativa fica sujeito à regulamentação jurídica dada às sociedades empresárias. Isso significa que a lei assegura um regime jurídico específico para situações de dificuldade (recuperação judicial e falência), a aceitação da organização do empresário sob a forma societária e algo particularmente relevante para quem se sujeita aos riscos da atividade empresarial: a possibilidade de optar por um sistema de organização que lhe permita limitar a responsabilidade pessoal e patrimonial dos sócios.

Dessa forma, os modelos de organização societária inspiram-se nos objetivos dos interessados em participar ativamente ou apenas investir na atividade econômica com a finalidade de partilhar resultados. Dessa maneira, são garantidos, nos limites previstos na lei, direitos e benefícios compatíveis com as finalidades pretendidas pelo exercício da atividade empresarial.

Assim, ao se estabelecerem limites para os riscos inerentes à atividade empresária, há o estímulo ao empreendedorismo e à prática empresarial, que encontra seu fundamento maior na Constituição Federal de 1988, na qual se optou pelo sistema de liberdade de mercado e de iniciativa do agente privado, conforme o art. 1º, inciso IV[2], e o art. 170[3]. Como já citamos, o empreendedor atua de forma individual ou associada, por meio de sociedade.

O empresário, ao exercer a atividade empresarial, assume diversas obrigações, desde o momento da aquisição dos insumos necessários à produção (matéria-prima, energia, ferramentas, máquinas, tecnologias), passando pela celebração dos contratos necessários para viabilizar o funcionamento da atividade e o fornecimento de produtos e a prestação de serviços, até a contratação de mão de obra própria, com os devidos registros trabalhistas, e de parceiros autônomos ou prestadores de serviços. Todos esses contratos são baseados nas diretrizes e decisões gerenciais a serem tomadas pelo empresário, o administrador responsável pela gestão do negócio, em busca do resultado econômico pretendido.

Dessas obrigações nasce o contrato, instrumento inseparável da prática empresarial. A prática empresarial é responsável por

---

[2] "Art. 1º A República Federativa do Brasil, formada pela união indissolúvel dos Estados e Municípios e do Distrito Federal, constitui-se em Estado Democrático de Direito e tem como fundamentos: I – a soberania; II – a cidadania; III – a dignidade da pessoa humana; IV – os valores sociais do trabalho e da livre iniciativa; [...]" (Brasil, 1988).

[3] "Art. 170. A ordem econômica, fundada na valorização do trabalho humano e na livre iniciativa, tem por fim assegurar a todos existência digna, conforme os ditames da justiça social [...]" (Brasil, 1988).

uma infinidade de contratos, nas mais diversas esferas, inclusive na esfera cível, tais como os contratos de prestação de serviço, compra e venda, locação, depósito, seguro, transporte, representação comercial, empreitada, entre outros.

Nesse contexto, o contrato de sociedade se destaca como um instrumento de organização e formalização jurídica da empresa.

Entre as categorias de contratos previstos no direito brasileiro, podemos destacar:

- **contratos de consumo**, que tratam da relação de consumo entre consumidor e fornecedor, disciplinados pelo Código de Defesa do Consumidor (Lei n. 8.078, de 11 de setembro de 1990);
- **contratos de trabalho**, regulamentados pela legislação trabalhista, notadamente a Consolidação das Leis do Trabalho – CLT (Decreto-Lei n. 5.452, de 1º de maio de 1943);
- **contratos empresariais**, previstos na legislação cível e empresarial (Código Civil, Lei das Sociedades Anônimas, Estatuto Nacional da Microempresa e da Empresa de Pequeno Porte – Lei do Simples Nacional, entre outras).

Nos dois primeiros (contratos de consumo e contratos de trabalho), como regra, verificamos uma significativa desigualdade de força entre as partes contratantes, razão pela qual se faz necessária a intervenção estatal na tentativa de reequilibrar os interesses e proteger a parte vulnerável – no caso, o consumidor e o trabalhador – contra eventuais abusos que possam ser cometidos por fornecedores e empregadores.

Já os contratos empresariais, cujos contratantes são empresários no exercício de sua atividade profissional e que, em regra, podem contar com assessoria jurídica, são vocacionados à execução continuada (contrato de prestação de serviços, contrato de seguro, contrato de representação comercial, entre outras modalidades de contratos de natureza empresarial).

Tal fato os difere de negociações e contratos pontuais e isolados, como os contratos de consumo, reunindo elementos de distinção por conta de seus sujeitos. Desse modo, como regra geral, os contratos empresariais apresentam condições semelhantes de acesso à informação e análise dos riscos envolvidos na negociação, o que permite à empresa avaliar adequadamente, com o auxílio de sua assessoria jurídica, contábil e técnica, a viabilidade comercial do negócio pretendido.

Ocorrendo vícios de consentimento (erro, dolo, coação ou estado de perigo), de forma a criar uma disparidade entre as partes, que poderia induzir uma delas a contratar em termos que não aceitaria se não fosse sua condição de necessidade ou inexperiência, pode haver revisão do contrato, com o fim de superar tais vícios com a equalização dos interesses das partes.

Dessa maneira, o incentivo à manutenção do contrato está ligado ao princípio da manutenção da empresa.

Caso aconteça situação imprevista e extraordinária durante a execução do contrato (por exemplo, desproporção no valor da prestação em sua execução em relação ao valor previsto inicialmente no contrato), o juiz pode corrigir a eventual distorção e determinar o valor real da prestação. Assim, o contrato é preservado com o estabelecimento do equilíbrio entre as prestações.

Não ocorrendo vício de consentimento ou situação que justifique revisão judicial do contrato, nos termos da lei civil, é necessário dar efetividade aos princípios clássicos da autonomia da vontade e da força obrigatória dos contratos, que torna os contratos válidos exigíveis.

Nesse sentido, vale destacar a redação do art. 421-A do Código Civil, que se origina na Lei n. 13.874, de 20 de setembro de 2019 (Declaração de Direitos de Liberdade Econômica). O mencionado artigo fundamenta a interpretação de que contratos empresariais, como regra geral, devem ser presumidos paritários, ou seja, as partes têm igualdade de forças para decidir o conteúdo e o alcance das cláusulas contratuais estipuladas:

> Art. 421-A. Os contratos civis e empresariais presumem-se paritários e simétricos até a presença de elementos concretos que justifiquem o afastamento dessa presunção, ressalvados os regimes jurídicos previstos em leis especiais, garantido também que: (Incluído pela Lei n. 13.874, de 2019)
>
> I – as partes negociantes poderão estabelecer parâmetros objetivos para a interpretação das cláusulas negociais e de seus pressupostos de revisão ou de resolução; (Incluído pela Lei n. 13.874, de 2019)
>
> II – a alocação de riscos definida pelas partes deve ser respeitada e observada; e (Incluído pela Lei n. 13.874, de 2019)
>
> III – a revisão contratual somente ocorrerá de maneira excepcional e limitada. (Incluído pela Lei n. 13.874, de 2019) (Brasil, 2002)

Micro e pequenas empresas, notadamente com menor poder econômico-financeiro para dispor de assessoria especializada apta a prestar auxílio técnico na gestão dos negócios, podem recorrer ao Serviço Brasileiro de Apoio às Micro e Pequenas Empresas (Sebrae). O Sebrae (2024) oferece cursos e programas gratuitos de qualificação para empreendedores, além de suporte *on-line* via WhatsApp, atendimento virtual e com Libras, telefônico e presencial, para auxiliar o empreendedor no momento da abertura de uma sociedade empresária, com orientações para o cumprimento das obrigações regulares inerentes à atividade empresarial, com ferramentas digitais de gestão e com assessoria para o desenvolvimento de um negócio economicamente sustentável.

> Micro e pequenas empresas são definidas pela Lei Complementar n. 123, de 14 de dezembro de 2006 (Estatuto Nacional da Microempresa e da Empresa de Pequeno Porte). Nos termos do art. 3º da referida lei, microempresa é a empresa que aufere, em cada ano, receita bruta igual ou inferior a R$ 360 mil; já a pequena empresa aufere, anualmente, receita bruta superior a R$ 360 mil e igual ou inferior a R$ 4,8 milhões.

É importante mencionar que os contratos empresariais historicamente foram influenciados pelos usos e costumes tradicionais do comércio e pela prática empresarial. As práticas comerciais recorrentes e comumente aceitas no meio, contanto que facilitem a circulação de riquezas, reduzem custos de transação e proporcionam aos envolvidos conveniência, previsibilidade e segurança jurídica, tendendo a se consolidar com o tempo como prática negocial.

— 1.3.1 —
Função social do contrato de sociedade

Além de atenderem aos interesses das partes contratantes, os contratos empresariais, inclusive o contrato de sociedade, devem, necessariamente, observar princípios inerentes à função social do contrato.

A função direta do contrato empresarial está associada aos negócios nele descritos e ao atendimento dos interesses legítimos envolvidos nos contratos, respeitadas as práticas de mercado, contanto que cláusulas e condições contratuais sejam estipuladas em conformidade com a lei e com os princípios gerais do direito, notadamente o princípio da boa-fé contratual, previsto no art. 422 do Código Civil: "Os contratantes são obrigados a guardar, assim na conclusão do contrato, como em sua execução, os princípios de probidade e boa-fé" (Brasil, 2002).

Observados tais critérios, o contrato empresarial pode colaborar para que a atividade empresarial se desenvolva eficaz e legalmente.

A lei civil transpôs o aspecto interno do interesse das partes pelos efeitos reconhecidos aos contratos, pois, além da função direta do contrato, pretendida pelas partes contratantes, é importante destacar que o contrato também deve observar sua função social como um elemento de limitação da liberdade contratual.

O art. 170, inciso III, da Constituição Federal consagrou o princípio da função social em relação à propriedade no contexto da atividade econômica, conceito perfeitamente aplicável à atividade empresarial:

> Art. 170. A ordem econômica, fundada na valorização do trabalho humano e na livre iniciativa, tem por fim assegurar a todos existência digna, conforme os ditames da justiça social, observados os seguintes princípios:
>
> [...]
>
> III – função social da propriedade; [...] (Brasil, 1988)

Por sua vez, o art. 421 do Código Civil estabelece expressamente que a liberdade contratual é limitada pela função social inerente ao contrato:

> Art. 421. A liberdade contratual será exercida nos limites da função social do contrato. (Redação dada pela Lei n. 13.874, de 2019)
>
> Parágrafo único. Nas relações contratuais privadas, prevalecerão o princípio da intervenção mínima e a excepcionalidade da revisão contratual. (Incluído pela Lei n. 13.874, de 2019) (Brasil, 2002)

Portanto, a função social conecta os interesses das partes contratantes da sociedade e de terceiros, que não integram o contrato, mas que de maneira indireta estão a ele vinculados e são potencialmente afetados pelos seus efeitos.

Nesse sentido, a Lei n. 6.404, de 15 de dezembro de 1976 (Lei das Sociedades Anônimas ou Lei das S.A.), atribui a gestão dos negócios ao acionista controlador e ao administrador da companhia, o qual deve conciliar os deveres entre os acionistas da empresa, seus trabalhadores e a comunidade em que a empresa atua, cujos direitos e interesses devem ser atendidos e respeitados.

Vejamos a redação do parágrafo único do art. 116 e do caput do art. 154 da Lei das Sociedades Anônimas:

> Art. 116. Entende-se por acionista controlador a pessoa, natural ou jurídica, ou o grupo de pessoas vinculadas por acordo de voto, ou sob controle comum, que:
>
> [...]
>
> Parágrafo único. O acionista controlador deve usar o poder com o fim de fazer a companhia realizar o seu objeto e cumprir sua função social, e tem deveres e responsabilidades para com os demais acionistas da empresa, os que nela trabalham e para com a comunidade em que atua, cujos direitos e interesses deve lealmente respeitar e atender. (Brasil, 1976b)

Art. 154. O administrador deve exercer as atribuições que a lei e o estatuto lhe conferem para lograr os fins e no interesse da companhia, satisfeitas as exigências do bem público e da função social da empresa. (Brasil, 1976b)

Isso significa que a gestão da sociedade anônima deve buscar satisfazer os interesses não apenas da companhia e dos respectivos acionistas, mas também das partes interessadas ou envolvidas direta ou indiretamente com projetos, atividades e principalmente resultados da atividade empresarial, pois as partes interessadas são afetadas por esses resultados e necessitam de proteção em face de condutas ilícitas ou abusivas.

> Também chamadas de *stakeholders*, as partes interessadas abrangem inclusive aqueles que não são acionistas e que não compõem o corpo gerencial da empresa, como clientes, comunidade, colaboradores, sindicatos de trabalhadores, investidores sem poder de voto, entre outras categorias de pessoas que podem ser afetadas pelas decisões corporativas.

Dessa forma, a função direta do contrato de sociedade está associada aos negócios ali disciplinados, ao atendimento dos interesses envolvidos nos contratos, contanto que sejam realizados em conformidade com a lei e respeitados os princípios gerais do direito, especialmente o princípio da boa-fé, a função social do contrato, as adequadas práticas de mercado, colaborando para que a atividade empresarial se desenvolva eficazmente e para que o contrato produza efeitos benéficos entre as partes contratantes e as partes interessadas, sem deixar de observar a responsabilidade socioambiental, inerente a qualquer atividade produtiva.

— 1.3.2 —
Contrato social

Estando aptos ao exercício da atividade empresarial, os empreendedores podem definir em conjunto suas expectativas quanto ao negócio, suas contribuições individuais para que a ideia se materialize e os papéis que serão desempenhados na empresa.

Tais tratativas servem de base para o contrato de sociedade que será elaborado, cujo registro nos órgãos competentes dará origem formal à empresa por meio de um documento intitulado *contrato social*.

O contrato social corresponde a um documento que formaliza as regras para o funcionamento da sociedade, inclusive definindo as relações entre os sócios e a sociedade. Na sociedade anônima, o documento é denominado *estatuto social*, com características peculiares a esse tipo societário.

A adequada elaboração do contrato social proporciona segurança, previsibilidade e estabilidade aos empreendedores e investidores envolvidos no projeto, pois as cláusulas previstas devem ser cumpridas pelos signatários e podem ser analisadas por terceiros que pretendam examinar formalmente a empresa, sob a perspectiva de sua composição societária, mesmo que se trate de uma empresa com um único sócio.

Além disso, o contrato estabelece um forte vínculo jurídico entre os sócios, em virtude dos direitos e deveres nele previstos, sujeitando eventuais sócios infratores aos termos convencionados a penalidades, inclusive multas, que podem ser impostas por meio de demandas judiciais indenizatórias por danos materiais e morais.

De maneira geral, a sociedade é regida por um contrato social, que fixa as condições definidas pelos sócios.

As cláusulas essenciais do contrato de sociedade estão elencadas no art. 997 do Código Civil e devem conter informações relevantes, tais como:

> Art. 997. A sociedade constitui-se mediante contrato escrito, particular ou público, que, além de cláusulas estipuladas pelas partes, mencionará:
>
> I – nome, nacionalidade, estado civil, profissão e residência dos sócios, se pessoas naturais, e a firma ou a denominação, nacionalidade e sede dos sócios, se jurídicas;
>
> II – denominação, objeto, sede e prazo da sociedade;
>
> III – capital da sociedade, expresso em moeda corrente, podendo compreender qualquer espécie de bens, suscetíveis de avaliação pecuniária;

IV – a quota de cada sócio no capital social, e o modo de realizá-la;

V – as prestações a que se obriga o sócio, cuja contribuição consista em serviços;

VI – as pessoas naturais incumbidas da administração da sociedade, e seus poderes e atribuições;

VII – a participação de cada sócio nos lucros e nas perdas;

VIII – se os sócios respondem, ou não, subsidiariamente, pelas obrigações sociais. (Brasil, 2002)

As juntas comerciais não podem arquivar o contrato social na ausência de qualquer dos requisitos descritos anteriormente.

Preenchidas as cláusulas essenciais, os sócios podem elaborar cláusulas acidentais, ou seja, complementares, de acordo com os seus interesses. Alguns exemplos são o valor de retirada de pró-labore, as providências em caso de falecimento e a interdição ou expulsão de sócios.

O poder político de cada sócio é proporcional à quantidade de quotas sociais que possuir em relação ao capital social.

O capital social corresponde à fração do patrimônio investido na sociedade pelos sócios, devidamente contabilizado e dividido em número determinado de quotas sociais, que, assim, representam partes do capital social.

Entre os direitos do sócio, um dos mais importantes é o poder de participar das decisões relacionadas à gestão da sociedade. Quanto maior for a participação do sócio em relação ao patrimônio e aos recursos financeiros investidos, proporcionalmente maior será o número de quotas sociais que ele possuirá. Consequentemente, sua expressão política nas deliberações sociais, nas votações nos projetos e nas decisões que afetam o desenvolvimento das atividades, bem como sua participação nos lucros e prejuízos da empresa, também serão proporcionalmente maiores.

Os direitos e deveres dos sócios estão minimamente previstos no Código Civil como **cláusulas obrigatórias**. Em caráter complementar, os sócios podem deliberar a respeito da inserção de **cláusulas adicionais** no contrato social.

Além das diretrizes fundamentais exigidas por lei e previstas no contrato social, os sócios podem (e devem) criar regras específicas para o bom andamento das atividades empresariais, tais como regimento interno, normas de conduta e ética profissional, governança corporativa antifraude e corrupção. Podem, inclusive, criar código de conduta que defina, por exemplo, regras para o adequado uso de dispositivos informáticos na empresa.

> A governança corporativa compreende o conjunto de práticas voltadas à ética, à integridade e à transparência na gestão dos negócios empresariais, por meio de ações que assegurem a precisão das informações prestadas aos acionistas e ao mercado e o equilíbrio no atendimento dos interesses dos *stakeholders* da empresa.

Os sócios podem estabelecer regras para reger a sociedade, contanto que não conflitem com os princípios constitucionais e com a legislação aplicável à sociedade, especialmente o Código Civil e o contrato social, notadamente as regras que demandam a observância aos comportamentos de boa-fé e à preservação do melhor interesse da empresa.

Capítulo 2

Constituição das sociedades

No capítulo anterior, constatamos que a atuação do empreendedor, para ser formalmente e juridicamente reconhecida como sociedade personificada, pode depender de algumas formalidades jurídicas, tais como o registro do empreendedor como empresário ou sócio de empresa regularmente constituída perante o órgão competente.

Como mencionamos, o art. 966 do Código Civil considera empresário a pessoa que exerce profissionalmente atividade econômica organizada para a produção ou a circulação de bens ou de serviços.

O registro de empresário se dá perante o Registro Público de Empresas Mercantis, órgão responsável pela inscrição e pelo cadastramento de empresas e empresários no Brasil, normalmente sob a gestão das juntas comerciais, como órgão local, com função executora e administradora dos serviços de registro, nos termos da Lei n. 8.934, de 18 de novembro de 1994, que regulamenta o Registro Público de Empresas Mercantis.

De acordo com o art. 1º da referida lei, o Registro Público de Empresas Mercantis tem por finalidade:

> I – dar garantia, publicidade, autenticidade, segurança e eficácia aos atos jurídicos das empresas mercantis, submetidos a registro na forma desta lei;
>
> II – cadastrar as empresas nacionais e estrangeiras em funcionamento no País e manter atualizadas as informações pertinentes; [...] (Brasil, 1994b)

Portanto, conforme os arts. 985 e 1.150 do Código Civil, a sociedade adquire personalidade jurídica a partir do momento em que seu ato constitutivo (contrato social ou estatuto social) é devidamente registrado perante o órgão competente, providência que deve ser realizada antes do início das atividades (abertura do negócio).

O registro de empresário e de sociedade empresária deve ser realizado no registro público de empresas mercantis, sob a responsabilidade da junta comercial do estado que é sede da sociedade empresária.

Em se tratando de sociedade simples, o devido registro deve ser realizado no cartório de registro civil de pessoas jurídicas da cidade que é sede da sociedade simples.

Em caráter extraordinário, sociedade de advogados deve ter seu ato constitutivo registrado no Conselho Seccional da Ordem de Advogados do Brasil (OAB).

Em ambos os casos, tanto a sociedade simples quanto a sociedade empresária têm o fim de sua personalidade jurídica por meio do encerramento do registro perante os órgãos pertinentes (junta comercial ou cartório de registro de pessoa jurídica).

Somente dessa forma se dará a extinção da sociedade, pois não basta encerrar as atividades (fechar o ponto comercial, deixar de ofertar produtos e serviços ou desativar o *site* da empresa e canais de comunicação); nesse caso, tornar a empresa inativa representa seu encerramento de fato, mas não de direito.

Se não for realizado o encerramento do registro, a empresa e seus sócios poderão ter problemas de natureza fiscal, trabalhista, previdenciária ou até mesmo envolvendo o descumprimento do direito do consumidor (atendimento de garantia legal, suporte de pós-venda e outras obrigações pós-contratuais). Antes de a empresa ser desativada, todos os contratos devem ser adequadamente rescindidos por meio de distrato, encerrando formal e legalmente os compromissos contratualmente assumidos.

— 2.1 —

Regras comuns

De acordo com Ricardo Negrão (2023a), as sociedades, desde sua constituição, devem obedecer às regras comuns aos contratos em geral.

Conforme determina o art. 104 do Código Civil, a validade do negócio jurídico requer: agente capaz; objeto lícito, possível, determinado ou determinável; forma prescrita ou não defesa em lei.

Dada a importância de as sociedades serem regularmente constituídas, inclusive para produzir validamente os efeitos jurídicos pretendidos pelos seus sócios, analisaremos na sequência esses três requisitos legais.

— 2.1.1 —
Agente capaz e participação de sócio incapaz na sociedade

De acordo com o art. 972 do Código Civil, "Podem exercer a atividade de empresário os que estiverem em pleno gozo da capacidade civil e não forem legalmente impedidos" (Brasil, 2002).

A referência à capacidade civil diz respeito à exigência de que o empresário seja maior de 18 anos, tenha plena compreensão para os atos da vida e não esteja na lista de pessoas que não podem gerenciar uma empresa, tais como: servidores públicos e militares, falidos não reabilitados e demais pessoas impedidas por imposição de lei.

Conforme o art. 974 do Código Civil, o incapaz, por meio de representante ou devidamente assistido, pode continuar a empresa antes exercida por ele enquanto capaz por intermédio de seus pais ou do autor de herança.

A viabilidade dessa hipótese demanda autorização judicial, devendo-se examinar as circunstâncias, a conveniência e o risco da empresa. Além disso, pais, tutores ou representantes legais do menor ou do interdito devem ser ouvidos, e tal autorização pode ser revogada pelo juiz, como prevê o parágrafo 1º do art. 974 do Código Civil.

Dada a autorização para o incapaz ser sócio, o registro de seu ingresso perante a sociedade se dá mediante a integralização total do capital social e o não exercício da administração da sociedade pelo incapaz, conforme determina o parágrafo 3º do artigo citado.

Se o representante ou o assistente não puder exercer a atividade de empresário por qualquer circunstância, ele nomeará, com a aprovação do juiz, um ou mais gerentes. Nessa hipótese, os atos dos gerentes nomeados são de responsabilidade do representante ou assistente, nos termos do art. 975 do Código Civil.

— 2.1.2 —
Objeto lícito, possível, determinado ou determinável e forma prescrita ou não proibida em lei

O objeto social a ser explorado economicamente pela sociedade, ou seja, as atividades previstas no contrato social, deve ser lícito, em estrita conformidade com a legislação pertinente ao ramo de atuação da sociedade.

O objeto social deve ser possível de ser realizado, isto é, sem contrariar o direito, em relação a coisas fora do comércio ou cuja comercialização não se admita, como é o caso de órgãos humanos ou a negociação de bens que não podem ser apropriados ou negociados, como os direitos da personalidade (direito à vida e à dignidade, por exemplo, que são irrenunciáveis).

Por sua vez, a forma prescrita se refere à formalização da sociedade por contrato ou estatuto escrito e registrado no órgão competente, nos termos do art. 1.150 do Código Civil.

— 2.2 —
Sociedade entre cônjuges

De acordo com Gustavo Diniz (2022), admite-se que uma sociedade seja constituída entre cônjuges. Entretanto, o art. 977 do Código Civil restringe a possibilidade de contratarem sociedade os cônjuges casados no regime da comunhão universal de bens (art. 1.667 do Código Civil) ou no de separação obrigatória (art. 1.641, com regime do art. 1.687 do Código Civil).

Caso os cônjuges se deparem com o impedimento legal, podem se tornar sócios se modificarem o regime de bens, em procedimento próprio, observados os requisitos legais e resguardados os direitos de terceiros.

Interessante mencionar que o Enunciado 94 da III Jornada de Direito Comercial do Conselho da Justiça Federal (CJF, 2024b) estabelece: "A vedação da sociedade entre cônjuges contida no art. 977 do Código Civil não se aplica às sociedades anônimas, em comandita por ações e cooperativa". Essa orientação é justificada pelo fato de que tal regra somente se aplica às sociedades contratuais, e não às sociedades estatutárias, como é o caso da sociedade anônima, da sociedade em comandita por ações e da sociedade cooperativa.

O art. 978 do Código Civil autoriza o empresário casado, sem necessidade de outorga conjugal, independentemente do regime de bens, a alienar os imóveis que integrem o patrimônio da empresa ou gravá-los de ônus real.

— 2.3 —
Sociedade entre companheiros em união estável

Diniz (2022) sustenta que a regra aplicável para a sociedade entre cônjuges deve ser aplicada para as sociedades entre companheiros em união estável, oferecendo tratamento igualitário, com fundamento no art. 226, parágrafo 3º, da Constituição[1].

Segundo Diniz (2022), o art. 1.725 do Código Civil estabelece que o regime a ser aplicado às relações patrimoniais do casal em união estável é o de comunhão parcial de bens, a não ser que exista contrato escrito entre companheiros que determine um regime patrimonial distinto, como o da comunhão universal de bens ou da separação de bens, hipóteses que inviabilizam a sociedade entre companheiros.

— 2.4 —
Participação nos lucros e nas perdas

Considerando-se que sociedades são constituídas para o exercício de atividades econômicas voltadas para a produção ou a circulação de bens ou de serviços, torna-se relevante analisar a forma como os sócios partilharão os resultados, ou seja, como será a participação dos sócios nos lucros obtidos pela sociedade

---

1 "Art. 226. A família, base da sociedade, tem especial proteção do Estado. [...] § 3º Para efeito da proteção do Estado, é reconhecida a união estável entre o homem e a mulher como entidade familiar, devendo a lei facilitar sua conversão em casamento" (Brasil, 1988).

ou, caso os resultados não sejam os esperados, como será a partilha das perdas, conforme prevê o art. 981 do Código Civil.

As finanças das sociedades são mensuradas pelo ciclo de um ano, cuja data de término é definida pelos sócios no contrato social ou no estatuto social. Ao final de cada exercício social, os sócios administradores devem elaborar as demonstrações financeiras, que representarão o patrimônio e os resultados financeiros da empresa.

Por meio dos resultados, os sócios podem tomar decisões estratégicas relacionadas ao futuro da empresa, como a destinação dos lucros obtidos (se houver), a verificação das metas e dos objetivos traçados para o exercício e a avaliação das estratégias de crescimento.

Além disso, não menos importante é a decisão que envolve a distribuição de parte dos lucros entre os sócios, proporcionalmente à quantidade de quotas que cada um possui do capital social.

Cabe ressaltar que a distribuição de lucros não pode ser feita de maneira a causar prejuízo à sociedade. Ou seja, a sociedade deve apresentar lucro de acordo com as rigorosas regras contábeis, que exigem regularidade das obrigações da empresa, notadamente as de natureza fiscal, previdenciária, trabalhista, entre outras, conforme o ramo de atividade. Logo, não se pode falar em lucro se a folha de pagamento tem pendências, se as obrigações previdenciárias estão irregulares ou se os tributos devidos ao governo estão em atraso.

Pagas as despesas e quitadas suas obrigações, ao final do exercício, o saldo, se houver, será considerado lucro da empresa (e não dos sócios, ressalte-se). Somente após a constatação de existência de lucro em favor da empresa é que se pode deliberar a respeito de distribuição de lucros entre os sócios.

Importante mencionar que o art. 1.008 do Código Civil proíbe qualquer estipulação em contrato social que impeça determinado sócio de participar dos lucros e das perdas da sociedade.

Para a correta apuração de resultados, é indispensável contar com a orientação profissional de um contador experiente, que prestará a assessoria necessária para que os tributos sejam adequadamente pagos e os balanços financeiros sejam elaborados na forma exigida pela rigorosa legislação brasileira. Desse modo, a empresa estará regularizada perante as autoridades fiscalizadoras, permitindo a emissão de certidões de regularidade, também chamadas de *certidões negativas* pelos órgãos da administração pública.

A apresentação dessas certidões é fundamental para a empresa ter acesso a crédito bancário em condições mais favoráveis, celebrar negócios com empresas regulares, obter financiamento governamental ou participar de contratos públicos, via licitações e pregões eletrônicos.

Capítulo 3

Sociedades não personificadas

Conforme vimos anteriormente, o que distingue uma sociedade personificada de uma sociedade não personificada é a existência ou não de personalidade jurídica, que nasce com o arquivamento de seu ato constitutivo perante o órgão competente.

O Código Civil prevê dois tipos societários entre as sociedades não personificadas: a sociedade em comum e a sociedade em conta de participação. Analisaremos ambas a seguir.

— 3.1 —
Sociedade em comum

De acordo com o art. 986 do Código Civil, a sociedade em comum é aquela que não arquivou seus atos constitutivos perante o órgão competente, não tendo, portanto, personalidade jurídica.

Segundo Elisabete Vido (2023), apesar de não ter personalidade jurídica, a sociedade em comum tem capacidade processual, desde que representada, conforme prevê o art. 75, inciso IX, do Código de Processo Civil (2015): "Serão representadas em juízo [...]: a sociedade e a associação irregulares e outros entes organizados sem personalidade jurídica, pela pessoa a quem couber a administração de seus bens" (Brasil, 2015).

Na sociedade em comum, existe a união de sócios, a reunião de esforços e bens materiais e o acordo entre os sócios, informal ou já formalizado. Entretanto, por razões diversas, o referido acordo pode ainda não ter sido convertido em um contrato social, o que torna a sociedade uma sociedade de fato (e não de direito).

Caso o contrato social já tenha sido formalizado, mas ainda não tenha sido arquivado perante o órgão competente, a sociedade não tem personalidade jurídica própria. Desse modo, mesmo que o contrato social faça menção a outro tipo societário, como uma sociedade limitada (Ltda.), em virtude da falta de registro, ela será legalmente considerada uma sociedade em comum, à qual são aplicadas as características inerentes a esse tipo societário.

Vido (2023, p. 79) destaca que "as pessoas que contratam com a sociedade comum podem provar a existência da sociedade de qualquer maneira lícita. Entretanto, para os sócios provarem a existência da sociedade perante terceiros ou em ações entre os sócios, é indispensável a prova documental". Tal afirmação encontra respaldo no art. 987 do Código Civil.

Por se tratar de uma sociedade sem personalidade jurídica, o art. 988 do Código Civil estabelece que o patrimônio adquirido pela sociedade em comum, bem como as respectivas dívidas, constituem um **patrimônio especial**, de titularidade dos sócios.

Nesse sentido, o Enunciado 210 do Conselho da Justiça Federal (CJF, 2024c) estabelece: "O patrimônio especial a que se refere o art. 988 é aquele afetado ao exercício da atividade, garantidor de terceiro, e de titularidade dos sócios em comum, em face da ausência de personalidade jurídica". Ou seja, o patrimônio especial será objeto de execução movida pelos credores da sociedade em comum.

Segundo Ricardo Negrão (2023b, p. 31), "o sócio que não participou da realização de determinado negócio jurídico pode invocar o direito de ver seus bens executados somente após o esgotamento do patrimônio que responde primariamente pelas dívidas sociais: os bens da sociedade e os do sócio tratador".

Convém notar os elevados riscos de não formalizar os atos constitutivos da sociedade perante os órgãos competentes e, assim, adotar a sociedade em comum para administrar negócios, notadamente aqueles que se referem à responsabilização pessoal, com bens particulares dos sócios, pelo eventual insucesso da empreitada.

— 3.2 —
Sociedade em conta de participação

Prevista entre os arts. 991 e 996 do Código Civil, a sociedade em conta de participação é pouco conhecida, e seus registros aparecem de forma restrita nas estatísticas oficiais, conforme o Mapa de Empresas do Ministério do Desenvolvimento, Indústria, Comércio e Serviços (Brasil, 2024).

Há dois tipos de sócios nesse caso: participante e ostensivo. O **sócio participante** corresponde ao sócio investidor, que não administra a sociedade, não se apresenta como sócio perante terceiros e não realiza pessoalmente negócios em nome da sociedade. Essa é a razão de ser chamado também de *sócio oculto*.

Entretanto, a condição de sócio participante o autoriza a fiscalizar a gestão dos negócios sociais realizada pelo sócio ostensivo, conforme prevê o parágrafo único do art. 993 do Código Civil.

Por sua vez, o **sócio ostensivo**, com seu nome individual, administra e responde pelas obrigações sociais perante terceiros, sob sua exclusiva responsabilidade, conforme determina o art. 991 do Código Civil. Isso significa que somente ele participa da relação jurídica com terceiros, inexistindo relação contratual entre terceiros e os sócios participantes.

Todavia, se por qualquer razão o sócio participante atuar diretamente perante terceiros, ele se tornará solidariamente responsável pelas obrigações sociais decorrentes.

Em caso de lucro, o sócio participante, por investir recursos na sociedade, tem o direito de participar da partilha dos resultados da sociedade com os demais sócios participantes e com o sócio ostensivo.

A sociedade em conta de participação, por não ser sociedade personificada, não é registrada na junta comercial. Em consequência, não tem personalidade jurídica própria, mesmo que seja registrada em cartório de títulos e documentos, permanecendo sob a personalidade e a responsabilidade pessoal do sócio ostensivo.

Luis Felipe Spinelli, João Pedro Scalzilli e Rodrigo Tellechea (2023) defendem a importância da sociedade em conta de participação em virtude de suas características peculiares, notadamente pelo fato de restringir o risco do sócio participante e por sua discrição, atributos especialmente úteis e vantajosos para o desenvolvimento de atividades econômicas específicas. Além disso, dispensa maiores formalidades, inexistindo previsão legal para o registro como requisito para sua regular constituição.

De acordo com Spinelli, Scalzillie Tellechea (2023), esse tipo societário, apesar de pouco difundido, é muito utilizado na incorporação imobiliária, pois a sociedade em conta de participação é um instrumento que permite a captação de recursos financeiros, viabilizando ao sócio ostensivo o financiamento de sua atividade de maneira menos onerosa se comparada a um contrato de mútuo. Em contrapartida, dá ao investidor (sócio participante) uma participação nos lucros, com o risco de perdas, do empreendimento comum.

Spinelli, Scalzillie Tellechea (2023) destacam que, em razão da ausência de registro, a sociedade em conta de participação não tem nome próprio, patrimônio separado ou domicílio, entre outros atributos essenciais para que possa atuar no mundo jurídico, contratando em seu próprio interesse. Portanto, depende de um sócio ostensivo para adquirir direitos e contrair obrigações. Tal característica isola esse tipo societário do mundo exterior, permanecendo as relações entre seus integrantes em um circuito fechado de investidores.

Capítulo 4

Tipos societários

As juntas comerciais são aptas ao registro de empresários e sociedades empresárias (empresas), e os cartórios de registro de pessoa jurídica são competentes para o devido registro de sociedades simples, exceto as sociedades cooperativas e as sociedades de advogados, que analisaremos posteriormente.

Cabe ao empreendedor escolher o tipo de sociedade empresária, entre aquelas tipificadas na legislação brasileira, que melhor atenda às necessidades de seu projeto empresarial, a depender de critérios como quantidade de sócios, perfil da sociedade que se pretende criar e até mesmo o regime de responsabilidade pessoal do empreendedor sobre os resultados.

O Código Civil apresenta um rol com diversos tipos societários, que viabilizam desde a atuação individual do empreendedor, como titular de uma sociedade limitada unipessoal, conforme autoriza o parágrafo 1º do art. 1.052 dessa lei, até tipos em que dois ou mais sócios celebram contrato de sociedade, obrigando-se reciprocamente a contribuir para o exercício de atividade econômica e a partilha dos resultados, segundo estabelece o art. 981 do mesmo código.

Para negócios de maior envergadura econômica, elevada sofisticação de seu objeto social e grande complexidade operacional, a Lei n. 6.404, de 15 de dezembro de 1976, prevê a criação de sociedade por ações (sociedade anônima), viabilizando a utilização de interessantes mecanismos para a captação de recursos e a restrição de responsabilidade pessoal pelas dívidas sociais, conforme veremos mais adiante.

Portanto, podemos afirmar que os tipos societários apresentam características peculiares que permitem sua classificação. Neste momento, podemos antecipar que as sociedades podem ser classificadas em sociedades de pessoas ou sociedade de capitais.

Nas **sociedades de pessoas**, também chamadas de *sociedades personalistas*, há uma forte e evidente ingerência dos sócios nas decisões da sociedade, inclusive para a entrada de novos sócios, como é o caso da sociedade limitada, tipo societário muito utilizado e de grande relevância econômica e social.

Por sua vez, nas **sociedades de capitais**, denominadas *sociedades capitalistas*, a atuação do sócio ocorre exclusivamente por meio da aquisição de ações, dada a sua natureza capitalista e institucional, ou seja, baseada exclusivamente no aporte financeiro que o investidor realiza em favor da sociedade. É o caso típico da sociedade anônima de capital aberto.

Entre as características inerentes aos tipos societários, Fábio Ulhoa Coelho (2011b) sustenta que há três características que merecem destaque, pois permitem classificar as sociedades empresárias com base em critérios objetivos. São elas:

> [1] Classificação das sociedades de acordo com a responsabilidade dos sócios pelas obrigações sociais;
>
> [2] Classificação quanto ao regime de constituição e dissolução;
>
> [3] Classificação quanto às condições para alienação da participação societária. (Coelho, 2011b, p. 141)

Antes de examinarmos cada um desses critérios, apresentamos a seguir os tipos societários, com sociedades personificadas e não personificadas, atualmente existentes no direito empresarial brasileiro.

Quadro 4.1 – Tipos societários atualmente existentes

Tipo societário	Previsão
Sociedade em comum	Entre os arts. 986 e 990 do Código Civil (sociedade não personificada).
Sociedade em conta de participação	Entre os arts. 991 e 996 do Código Civil (sociedade não personificada).
Sociedade simples	Entre os arts. 997 e 1.038 do Código Civil.
Sociedade em nome coletivo	Entre os arts. 1.039 e 1.044 do Código Civil.
Sociedade em comandita simples	Entre os arts. 1.045 e 1.051 do Código Civil.
Sociedade limitada	Entre os arts. 1.052 e 1.087 do Código Civil.
Sociedade anônima	Entre os arts. 1.088 e 1.089 do Código Civil e na Lei n. 6.404/1976.
Sociedade em comandita por ações	Entre os arts. 1.090 e 1.092 do Código Civil e na Lei n. 6.404/1976.
Sociedade cooperativa	Entre os arts. 1.093 e 1.096 do Código Civil e na Lei n. 5.764/1971.

Em caráter extraordinário, existe uma sociedade que não está prevista no Código Civil, mas no Estatuto da Advocacia e da Ordem dos Advogados do Brasil (OAB) – Lei n. 8.906, de 4 julho de 1994: a **sociedade de advogados**.

Agora, vejamos a classificação das sociedades empresárias segundo os critérios estabelecidos por Coelho (2011b).

Quadro 4.2 – Classificação das sociedades empresárias

Critério de classificação	Definição
Responsabilidade dos sócios pelas obrigações sociais	**Sociedade ilimitada**: os sócios respondem ilimitadamente pelas obrigações sociais. É o caso da sociedade em nome coletivo. **Sociedade mista**: uma parte dos sócios tem responsabilidade ilimitada e a outra parte tem responsabilidade limitada. Corresponde à sociedade em comandita simples, prevista no art. 1.045 do Código Civil, e à sociedade em comandita por ações, prevista no art. 1.090 a 1.092 do Código Civil e na Lei das S.A., em que os sócios diretores têm responsabilidade ilimitada e os demais acionistas respondem limitadamente (art. 281 da Lei n. 6.404/1976). **Sociedade limitada**: os sócios respondem de forma limitada pelas obrigações na sociedade limitada, prevista no art. 1.052 do Código Civil, e na sociedade anônima.
Regime de constituição e destituição	**Sociedade contratual**: o ato constitutivo e regulamentar é o contrato social. São desse tipo a sociedade em nome coletivo, a sociedade em comandita simples e a sociedade limitada. **Sociedade institucional**: o ato regulamentar e constitutivo é o estatuto social. Exemplos: sociedade anônima e sociedade em comandita por ações. A dissolução das sociedades contratuais tem previsão legal no Código Civil de 2002, com regras específicas para tal, como no caso de morte ou expulsão de sócio; já a dissolução das sociedades institucionais é regida pelas normas descritas na Lei das S.A. (Lei n. 6.404/1976) e pode acontecer por vontade da maioria societária.

(continua)

(Quadro 4.2 – conclusão)

Critério de classificação	Definição
Condições de alienação da participação societária	**Sociedade de pessoas**: os sócios decidem quem adentra ou não ao quadro societário. Sua anuência é imprescindível para a manutenção do quadro de sócios. Oportunamente, abordaremos esse aspecto sob a perspectiva da *affectio societatis*. **Sociedade de capital**: a anuência dos sócios para a entrada de um terceiro no quadro societário é dispensada, pois prevalece o princípio da livre circulabilidade da participação societária, viabilizando que pessoas físicas ou jurídicas alheias à sociedade possam ingressar sem a necessidade de concordância dos sócios preexistentes.

Fonte: Elaborado com base em Coelho, 2011b.

Coelho (2011b) ressalta que o sócio da sociedade limitada e o sócio comanditário da sociedade em comandita simples respondem pelas obrigações sociais somente até o total do capital social não integralizado. Portanto, ainda que um sócio já tenha integralizado totalmente sua quota-parte, se outro sócio ainda não fez o mesmo com a parcela do capital que lhe caberia, o primeiro sócio pode ser responsabilizado pelas obrigações sociais até o limite do valor equivalente da quota do capital social que o sócio inadimplente ainda não integralizou.

Da mesma forma, Coelho (2011b) ensina que os acionistas da sociedade anônima ou os da comandita por ações com responsabilidade limitada respondem pelo que subscreveram e ainda não integralizaram. Diferentemente daqueles dois primeiros, estes não podem ser responsabilizados pela não integralização da participação societária devida por outro acionista.

Entretanto, se todo o capital social estiver integralizado em sociedade limitada, como regra geral, o sócio não será responsabilizado com seu patrimônio pessoal.

> Atendidos os requisitos legais, o sócio pode ser pessoalmente responsabilizado nas hipóteses que admitem a aplicabilidade da teoria da desconsideração da personalidade jurídica, em especial o abuso da personalidade jurídica e o desvio de finalidade.

Na sequência, analisaremos dois tipos societários atualmente em desuso pelas suas peculiaridades, notadamente em relação ao elevado risco de responsabilização pessoal do sócio por dívidas sociais: a sociedade em nome coletivo e a sociedade em comandita simples.

— 4.1 —

Sociedade em nome coletivo e sociedade em comandita simples

A **sociedade em nome coletivo** somente admite como sócio pessoa física, com evidente contratualidade e *affectio societatis*. Todos os sócios respondem, solidária e ilimitadamente, pelas obrigações sociais, conforme determina o art. 1.039 do Código Civil.

Tal regime de responsabilidade eleva o risco para os sócios, pois respondem solidariamente com seu patrimônio pessoal perante terceiros, de maneira ilimitada, inclusive sobre obrigações sociais anteriores à sua entrada na sociedade.

Os elevados riscos para os sócios, cujo patrimônio particular fica desprotegido, somados à inexistência de uma vantagem marcante na sociedade em nome coletivo, tornam esse tipo societário uma escolha rara para constituir uma sociedade.

A **sociedade em comandita simples** é pouco utilizada atualmente também em virtude dos elevados riscos de responsabilidade pessoal do sócio pelas obrigações sociais.

De acordo com Gladston Mamede (2023), sua utilização permite diferenciar sócios investidores de sócios administradores (estes, obrigatoriamente, devem ser pessoa física), inclusive em face da responsabilização subsidiária pelas obrigações sociais. Para o autor, o incentivo dado aos sócios comanditários (sócios investidores) é o fato de não lhes atribuir responsabilidades pelas obrigações da sociedade, contanto que tenham integralizado suas quotas.

Entretanto, se a sociedade não cumprir com suas obrigações, os sócios comanditados (sócios administradores) deverão fazê-lo com o seu patrimônio pessoal, mesmo que a obrigação seja preexistente à sua admissão na sociedade na condição de sócio comanditado. Portanto, a sociedade responde por suas obrigações sociais, mas ainda assim há responsabilidade solidária e ilimitada para um sócio, que responderá com seus bens particulares (comanditados), e responsabilidade limitada para o outro (comanditário), obrigado somente ao valor de sua quota.

— 4.2 —
Sociedade simples e sociedade empresária

A adequada compreensão do direito societário exige a análise dos tipos societários previstos no direito brasileiro, bem como das questões inerentes aos impactos e às consequências jurídicas, notadamente quanto à responsabilização patrimonial particular a que os sócios estão submetidos pelo exercício da atividade empresarial.

Nesse sentido, o Código Civil prevê a existência de duas espécies de sociedade: a empresária e a simples.

A **sociedade empresária** compreende a pessoa jurídica que busca lucro ou resultado econômico pelo exercício habitual de atividade econômica organizada, realizada por empresário regularmente inscrito no Registro Público de Empresas Mercantis, com o objetivo de produzir ou fazer circular bens ou serviços no mercado, nos termos dos arts. 966 a 968 do Código Civil.

Por sua vez, a **sociedade simples** (também chamada de *sociedade não empresária*) equivale à pessoa jurídica, devidamente registrada no cartório de registro civil das pessoas jurídicas, que realiza atividade intelectual, de natureza científica, literária ou artística, ainda que com o concurso de auxiliares ou colaboradores, salvo se o exercício da profissão constituir elemento de empresa, nos termos do parágrafo único do art. 966 do Código Civil.

De acordo com Coelho (2011b, p. 135),

> Na construção do conceito de sociedade empresária, dois institutos jurídicos servem de alicerces. De um lado, a pessoa jurídica, de outro, a atividade empresarial. Uma primeira aproximação ao conteúdo deste conceito se faz pela ideia de pessoa jurídica empresária, ou seja, que exerce atividade econômica sob a forma de empresa.
>
> [...]
>
> Somente algumas espécies de pessoa jurídica que exploram atividade definida pelo direito como de natureza empresarial é que podem ser conceituadas como sociedades empresárias.

Além disso, há pessoas jurídicas que são sempre empresárias, qualquer que seja seu objeto. Um ponto de partida, assim, para a conceituação da sociedade empresária é sua localização no quadro geral das pessoas jurídicas. Coelho (2011b, p. 136) esclarece:

> A distinção entre sociedade simples e empresária não reside, como se poderia pensar, no intuito lucrativo. Embora seja da essência de qualquer sociedade empresária a persecução de lucros — inexiste pessoa jurídica dessa categoria com fins filantrópicos ou pios —, este é um critério insuficiente para destacá-la da sociedade simples. Isto porque também há sociedades não empresárias com escopo lucrativo, tais as sociedades de advogados, as rurais sem registro na Junta etc.

Para Coelho (2011b, p. 137), o que de fato caracteriza a sociedade como simples ou empresária é a **forma de explorar seu objeto**: "O objeto social explorado sem empresarialidade (isto é, sem profissionalmente organizar os fatores de produção) confere à sociedade o caráter de simples, enquanto a exploração empresarial do objeto social caracterizará a sociedade como empresária".

Portanto, a distinção entre sociedade simples e sociedade empresária é importante para discernirmos e identificarmos adequadamente os tipos societários previstos na legislação brasileira, que serão analisados na sequência. Começaremos com a sociedade simples.

— 4.2.1 —
Sociedade simples

Como vimos anteriormente, o Código Civil de 2002 permitiu a criação da categoria *sociedade simples*, voltada aos profissionais e a determinadas atividades que não se enquadram no conceito de empresa, conforme disposto no parágrafo único do art. 966.

A rigor, a sociedade simples abrange sociedades constituídas para a prestação de serviços de natureza intelectual, científica, literária ou artística de seus sócios, com um aspecto marcante de pessoalidade na atuação profissional, visto que as atividades são realizadas diretamente pelos sócios, que podem contar com o apoio de auxiliares.

Esse tipo societário também contempla atividades que, de acordo com a determinação legal, são consideradas sociedades simples, como é o caso da sociedade cooperativa e da sociedade de advogados.

Na sociedade simples, podemos verificar a presença da contratualidade pela união de sócios com evidente relação de confiança e vontade de juntar capitais e esforços em um projeto comum. O sócio da sociedade simples pode contribuir exclusivamente com serviços, conforme autorizam os arts. 1.006 e 1.007 do Código Civil.

Em caráter subsidiário, as normas relativas às sociedades simples podem ser utilizadas por outros tipos societários (sociedade em nome coletivo, sociedade em comandita simples, sociedade limitada), a não ser que os respectivos contratos sociais façam menção expressa à utilização subsidiária das normas das sociedades por ações.

O contrato social da sociedade simples delimita as regras para a existência da sociedade. Eventuais alterações no documento relativas aos temas de menção obrigatória (art. 997 do Código Civil) somente podem ser feitas mediante a aprovação de todos os sócios, conforme determina o art. 999 do Código Civil. Demais alterações podem ser realizadas com a anuência do(s) sócio(s) que represente(m) a maioria do capital social, a não ser que o contrato social determine a necessidade de deliberação unânime.

O contrato celebrado produz efeito entre as partes. Entretanto, seus efeitos perante terceiros somente serão produzidos após o devido registro no cartório civil de registro de pessoa jurídica do local da sede da empresa, o que deve ser realizado em até 30 dias após a constituição, em observância ao disposto no art. 998 do Código Civil.

Não ocorrendo o registro dentro desse prazo, a sociedade simples será considerada irregular e serão aplicadas as regras inerentes à sociedade em comum.

Segundo Negrão (2023a), a sociedade simples é primariamente responsável, como pessoa jurídica, pelas obrigações assumidas com terceiros. Porém, se os bens sociais não forem suficientes para arcar com as dívidas sociais, os sócios responderão pelo saldo na proporção em que participem das perdas sociais. Para Negrão (2023, p. 146), "é possível, ainda, que o contrato estabeleça a responsabilidade solidária dos sócios, e, assim, a obrigação será ilimitada em relação a seus bens particulares até o pagamento integral dos débitos existentes".

De qualquer maneira, a responsabilidade dos sócios é secundária, sendo garantido a eles o benefício de ordem, ou seja, os bens particulares somente serão executados depois de todos os bens sociais já terem sido executados.

Direitos e obrigações dos sócios na sociedade simples

Com a formalização do contrato social, os sócios assumem obrigações e deveres reciprocamente e perante a sociedade, entre os quais Negrão (2023a) destaca:

- **dever de contribuir com a sociedade** por meio da integralização do capital social ou, na hipótese de ser sócio que contribua exclusivamente com seus serviços, dedicando-se às atividades previstas no contrato, evitando ocupar-se de atividades estranhas à sociedade;
- **dever de cuidado e diligência na administração dos negócios**, nos termos do art. 1.011 do Código Civil, sob pena de responder pessoalmente, com seu patrimônio particular, em caso de gestão fraudulenta, especialmente relacionada à distribuição fictícia de lucros ou à circunstância de agir de forma a prejudicar deliberadamente o interesse da sociedade;
- **dever de participar nos lucros e nas perdas**, na proporção do percentual de suas quotas em relação ao capital social (art. 997, VII, do Código Civil);
- **direito de participar da administração da sociedade**, inclusive das deliberações sociais e com voto. Os votos do sócio têm a força correspondente à quantidade de quotas sociais que possui;
- **direito de fiscalizar a sociedade**, examinando as finanças e pedindo esclarecimentos ao administrador sobre a situação patrimonial, as dívidas e as obrigações sociais;

- **direito de retirada ordinário**, mediante notificação do sócio retirante aos demais sócios, com antecedência mínima de 60 dias (art. 1.029 do Código Civil), ou extraordinário, na hipótese de o contrato social prever prazo determinado para a duração da sociedade;
- **direito de participar do acervo** em caso de liquidação por consenso entre os sócios e, após a liquidação, com a venda dos bens e a quitação das dívidas.

Evidentemente, os direitos e as obrigações descritos se referem apenas aos direitos básicos dos sócios previstos na legislação.

Direitos e deveres adicionais podem ser convencionados pelos sócios, conforme critérios particulares de conveniência e negociações realizadas diretamente entre eles, contanto que tais acordos sejam lícitos. As cláusulas podem ser formalizadas no contrato social, produzindo efeitos entre os sócios e perante terceiros a partir do devido registro no órgão competente ou mediante elaboração de documento apartado para tratar de questões particulares entre os sócios, denominado *acordo de sócios*.

O **acordo de sócios** consiste em um acordo interno celebrado entre os sócios de maneira reservada, sem o acesso de estranhos à sociedade, que produz efeitos exclusivamente entre estes e se torna obrigatório a partir do ato de sua assinatura, devendo ser arquivado na sede da empresa. Qualquer questão lícita que seja de interesse dos sócios pode ser abordada nesse documento, desde que não contrarie as regras do contrato social.

Normalmente, esses acordos abordam questões de natureza sucessória, propostas para solução amigável de controvérsias, regras para dissolução parcial com liquidação de quotas (forma de pagamento, prazo etc.), regras de confidencialidade, regras para distribuição de lucros e criação de reservas e investimentos em favor da sociedade, entre outras.

Administração da sociedade simples

A administração da sociedade cabe exclusivamente ao sócio nomeado no contrato social. Se não for feita a individualização do sócio no contrato social, a administração caberá separadamente a cada um dos sócios, conforme prevê o art. 1.013 do Código Civil.

> Na sociedade simples, o sócio sempre será pessoa física, conforme determina o inciso VI do art. 997 do Código Civil.

Conforme vimos anteriormente, o art. 1.011 do Código Civil exige do administrador o dever de cuidado e diligência na administração dos negócios. Além disso, o parágrafo 1º do mesmo artigo estabelece hipóteses de impedimento para o exercício da administração da sociedade:

> § 1º Não podem ser administradores, além das pessoas impedidas por lei especial, os condenados a pena que vede, ainda

que temporariamente, o acesso a cargos públicos; ou por crime falimentar, de prevaricação, peita ou suborno, concussão, peculato; ou contra a economia popular, contra o sistema financeiro nacional, contra as normas de defesa da concorrência, contra as relações de consumo, a fé pública ou a propriedade, enquanto perdurarem os efeitos da condenação. (Brasil, 2002)

Negrão (2023a) destaca que tal regra objetiva restringir o acesso à administração da empresa por pessoas que tenham impedimentos de ordem geral, como é o caso das condenações decorrentes de crimes específicos, ou de ordem profissional. Nesta última hipótese, considera-se a situação em que a lei restringe a gestão de sociedade para agentes políticos, preservando a liberdade e o *status* político para o exercício pleno de suas funções, como é o caso de magistrados e membros do Ministério Público, deputados e senadores, em sociedades que tenham contrato com pessoa jurídica de direito público.

Para o autor, essa restrição também visa ao bom andamento do serviço público, impedindo que, de forma abusiva, o servidor público utilize a repartição pública como extensão de seu estabelecimento empresarial particular.

Caso o administrador tome decisões que contrariem aquelas tomadas pela maioria dos sócios, responderá por perdas e danos perante a sociedade, conforme determina o parágrafo 2º do art. 1.013 do Código Civil, assim como responderá perante a sociedade e os terceiros prejudicados por culpa no desempenho de suas funções, nos termos do art. 1.016 do Código Civil.

O administrador não pode delegar a outra pessoa sua função de administrar a empresa, conforme vedação legal prevista no art. 1.018 do Código Civil. Entretanto, o mesmo artigo autoriza o administrador, nos limites de seus poderes, a constituir mandatários da sociedade, especificando no instrumento atos e operações que estes podem praticar.

Finalmente, compete ao administrador prestar contas aos sócios sobre sua administração, apresentando anualmente o inventário, o balanço patrimonial e o resultado da sociedade, como orienta o art. 1.020 do Código Civil.

— 4.2.2 —
Sociedade empresária

De acordo com a sistemática adotada pelo Código Civil, as sociedades podem ser simples, conforme vimos anteriormente, ou empresárias, tema deste tópico.

O art. 982 do Código Civil estabelece:

> Art. 982. Salvo as exceções expressas, considera-se empresária a sociedade que tem por objeto o exercício de atividade própria de empresário sujeito a registro (art. 967); e, simples, as demais.
>
> Parágrafo único. Independentemente de seu objeto, considera-se empresária a sociedade por ações; e, simples, a cooperativa. (Brasil, 2002)

Portanto, o critério utilizado pelo legislador para a caracterização da sociedade empresária envolve, além de atividade sujeita a registro, o desenvolvimento de uma atividade econômica organizada, para a produção ou a circulação de bens ou de serviços, com profissionalismo, nos termos do art. 966 do Código Civil e em observância aos requisitos inerentes à teoria da empresa.

Segundo Fábio Bellote Gomes (2022), a **teoria da empresa** tem como fundamento a atividade econômica e sua organização. Por sua vez, define-se *empresa* como "toda atividade econômica, exercida de forma organizada, que visa à produção ou à circulação de bens ou de serviços" (Gomes, 2022, p. 22).

Para Gomes (2022), o ponto central dessa teoria é a atividade, a ação organizada na esfera econômica, chamada *empresarialidade* ou *elemento de empresa*, que corresponde à organização racional dos fatores de produção (trabalho e capital).

Além disso, a atividade econômica desenvolvida pela sociedade empresária caracteriza-se por certa **impessoalidade** em relação à pessoa de seu sócio fundador ou de seu titular atual. Seu administrador e o quadro de sócios podem ser alterados, pois o aspecto central da empresa envolve a continuação da atividade econômica, conforme o princípio da preservação da empresa e a importância dos benefícios socioeconômicos que ela promove (geração de empregos, pagamento de tributos, circulação de riquezas, desenvolvimento social etc.) no exercício de sua função social.

A impessoalidade pode ser constatada pela viabilidade jurídica da aplicação de medidas drásticas, como afastamento de um sócio por justa causa pelos demais sócios quando restar provada, de maneira robusta, a prática de atos graves e prejudiciais aos interesses da sociedade empresária, colocando-a em risco, segundo autoriza a primeira parte do caput do art. 1.030 do Código Civil[1].

Tal medida se justifica para assegurar a observância ao princípio da preservação da empresa e, em última análise, demonstra que a continuação da empresa é mais importante do que os interesses particulares de seus sócios, quando estes estiverem contrariando os interesses da sociedade empresária, expondo-a ao risco de ruína financeira e patrimonial ou de graves danos à imagem pública e à credibilidade. Essa possibilidade será abordada mais adiante neste livro.

Gomes (2022) ressalta que a caracterização de uma sociedade empresária depende do cumprimento de dois requisitos essenciais:

1. definição de seu objeto social;
2. adoção de um tipo societário compatível com o objeto social escolhido.

---

1 "Art. 1.030. Ressalvado o disposto no art. 1.004 e seu parágrafo único, pode o sócio ser excluído judicialmente, mediante iniciativa da maioria dos demais sócios, por falta grave no cumprimento de suas obrigações, ou, ainda, por incapacidade superveniente" (Brasil, 2002).

De acordo com o art. 983 do Código Civil, a sociedade empresária deve ser criada adotando-se um dos tipos societários previstos nos arts. 1.039 a 1.092 do Código Civil, quais sejam:

- sociedade em nome coletivo;
- sociedade em comandita simples;
- sociedade limitada;
- sociedade por ações;
- sociedade em comandita por ações.

A escolha depende do objeto a ser explorado pela sociedade empresária e dos interesses e necessidades dos investidores, que atuarão como sócios fundadores, inclusive quanto ao regime de responsabilidade em relação aos riscos do empreendimento.

Objeto social da sociedade empresária

De acordo com Negrão (2023b), o objeto social representa a atividade empresarial ou intelectual, científica, literária ou artística que será explorada pela sociedade.

Em se tratando de sociedade empresária, seu objeto social precisa ser compatível com as características inerentes à empresarialidade, ou seja, a realização de atividade econômica de maneira profissional e organizada, para a produção ou a circulação de bens ou de serviços.

Fica, portanto, excluída da empresarialidade a atuação profissional com perfil essencialmente de natureza intelectual, científica, literária ou artística, ainda que com o concurso de auxiliares ou colaboradores, inerente ao objeto das sociedades simples, salvo se o exercício da profissão constituir elemento de empresa, conforme prevê o parágrafo único do art. 966 do Código Civil.

> Segundo o parágrafo único do art. 982 do Código Civil, as sociedades por ações (sociedade anônima e sociedade em comandita por ações) sempre serão sociedades empresárias, e sociedades cooperativas sempre serão sociedades simples, independentemente do objeto social escolhido.

— 4.3 —
Sociedade cooperativa

A sociedade cooperativa é considerada sociedade simples, independentemente de seu objeto, conforme determina o parágrafo único do art. 982 do Código Civil. Tem previsão legal nos arts. 1.093 a 1.096 do Código Civil e é regulada pela Lei n. 5.764, de 16 de dezembro de 1971 (Política Nacional de Cooperativismo).

Conforme o art. 3º da Política Nacional de Cooperativismo, "Celebram contrato de sociedade cooperativa as pessoas que reciprocamente se obrigam a contribuir com bens ou serviços para o exercício de uma atividade econômica, de proveito comum, sem objetivo de lucro" (Brasil, 1971).

Cooperativa é uma livre associação de pessoas com interesses e necessidades comuns, com igualdade de deveres, obrigações e direitos, organizada economicamente e administrada de maneira democrática por seus sócios, para a execução de atividades econômicas, inclusive prestação de serviços.

Não obstante a realização de uma atividade econômica, com finalidade lucrativa, merece destaque o fato de a cooperativa não se limitar à mera busca pelo lucro e respectiva distribuição entre os sócios, na proporção de suas quotas sociais. Isso não significa que seja assistencial e ou filantrópica, mas que há regras para a distribuição dos resultados econômicos, as quais visam ao desenvolvimento da cooperativa e à promoção de serviços e benefícios para seus sócios, conforme veremos a seguir.

Nesse sentido, as cooperativas correspondem a um tipo societário bastante peculiar, sendo constituídas como sociedade simples, de natureza jurídica própria, definida no art. 4º da Lei n. 5.764/1971:

> Art. 4º As cooperativas são sociedades de pessoas, com forma e natureza jurídica próprias, de natureza civil, não sujeitas a falência, constituídas para prestar serviços aos associados, distinguindo-se das demais sociedades pelas seguintes características:
>
> I – adesão voluntária, com número ilimitado de associados, salvo impossibilidade técnica de prestação de serviços;
>
> II – variabilidade do capital social representado por quotas-partes;
>
> III – limitação do número de quotas-partes do capital para cada associado, facultado, porém, o estabelecimento de

critérios de proporcionalidade, se assim for mais adequado para o cumprimento dos objetivos sociais;

IV – incessibilidade das quotas-partes do capital a terceiros, estranhos à sociedade;

V – singularidade de voto, podendo as cooperativas centrais, federações e confederações de cooperativas, com exceção das que exerçam atividade de crédito, optar pelo critério da proporcionalidade;

VI – quórum para o funcionamento e deliberação da Assembleia Geral baseado no número de associados e não no capital;

VII – retorno das sobras líquidas do exercício, proporcionalmente às operações realizadas pelo associado, salvo deliberação em contrário da Assembleia Geral;

VIII – indivisibilidade dos fundos de Reserva e de Assistência Técnica Educacional e Social;

IX – neutralidade política e indiscriminação religiosa, racial e social;

X – prestação de assistência aos associados, e, quando previsto nos estatutos, aos empregados da cooperativa;

XI – área de admissão de associados limitada às possibilidades de reunião, controle, operações e prestação de serviços. (Brasil, 1971)

Apesar da classificação como sociedade simples, em caráter excepcional, o estatuto social das sociedades cooperativas deve ser arquivado perante a junta comercial, conforme determina o art. 18 da Lei n. 5.764/1971. Cumprida essa exigência, a sociedade cooperativa adquire personalidade jurídica, tornando-se apta a funcionar.

As características essenciais das cooperativas estão descritas no art. 1.094 do Código Civil:

> Art. 1.094. São características da sociedade cooperativa:
>
> I – variabilidade, ou dispensa do capital social;
>
> II – concurso de sócios em número mínimo necessário a compor a administração da sociedade, sem limitação de número máximo;
>
> III – limitação do valor da soma de quotas do capital social que cada sócio poderá tomar;
>
> IV – intransferibilidade das quotas do capital a terceiros estranhos à sociedade, ainda que por herança;
>
> V – quórum para a assembleia geral funcionar e deliberar, fundado no número de sócios presentes à reunião, e não no capital social representado;
>
> VI – direito de cada sócio a um só voto nas deliberações, tenha ou não capital a sociedade, e qualquer que seja o valor de sua participação;
>
> VII – distribuição dos resultados, proporcionalmente ao valor das operações efetuadas pelo sócio com a sociedade, podendo ser atribuído juro fixo ao capital realizado;
>
> VIII – indivisibilidade do fundo de reserva entre os sócios, ainda que em caso de dissolução da sociedade. (Brasil, 2002)

Diferentemente do que ocorre em outros tipos societários, na cooperativa há características societárias marcantes, como a impossibilidade de o sócio transferir suas quotas a terceiros estranhos à sociedade e o fato de cada sócio ter direito a um voto nas deliberações independentemente do valor de sua participação e a distribuição do resultado econômico poder ser direcionado ao desenvolvimento da cooperativa e à oferta de serviços comuns, indo além da mera distribuição entre os sócios.

As características específicas descritas na Política Nacional de Cooperativismo e no Código Civil refletem um modelo cultural e socioeconômico fundamentado na liberdade humana e nos princípios cooperativistas.

Segundo Univaldo Coelho Cardoso (2014), a cooperativa visa melhorar a situação econômica de determinado grupo de indivíduos, atendendo a necessidades e objetivos comuns e prestando serviços aos seus cooperados. Para atingir esse propósito, é realizado um acordo voluntário de cooperação recíproca, em que a cooperativa atua no mercado desenvolvendo atividades de consumo, produção, crédito, prestação de serviços e comercialização em favor de seus cooperados.

Cabe notar que a cooperativa tem caráter essencialmente econômico, de maneira semelhante a outros tipos societários. Entretanto, sua finalidade é que a distingue destes, pois seu funcionamento se fundamenta no propósito de desenvolver, de forma justa e harmônica, a qualidade de vida dos cooperados.

Cardoso (2014) cita o Congresso da Aliança Cooperativa Internacional (ACI) realizado em 1995, em Manchester, Inglaterra, que estabeleceu os princípios que fundamentam e orientam o cooperativismo. Em essência, Cardoso (2014, p. 13) destaca que a prática cooperativista se fundamenta "na ajuda mútua, autorresponsabilidade, democracia, igualdade, equidade e solidariedade" e ressalta que a ACI "reiterou a importância dos valores éticos da honestidade, dos mecanismos democráticos de consulta e informação dos associados, da responsabilidade social e da associação voluntária de pessoas para se entreajudarem economicamente".

Além disso, o autor menciona que a ACI destacou a necessidade de o modelo cooperativo promover o desenvolvimento autossustentável, a valorização dos recursos humanos, a participação consciente de seus associados, a defesa da ecologia e a perfeita interação da cooperativa com o seu entorno, nos aspectos econômico, político e social.

Esses aspectos estão sintetizados na redação dos sete princípios dos Pioneiros de Rochdale, que devem orientar a prática cooperativista, conforme citados por Cardoso (2014) e apresentados a seguir:

1. **Adesão livre e voluntária**: o ingresso dos associados é aberto para quem compartilha os princípios e valores das cooperativas e se dispõe a cumprir seus deveres e responsabilidades, sem restrição de natureza política, religiosa ou racial.
2. **Gestão democrática pelos sócios**: cooperativas são organizações democráticas, e seus negócios devem ser administrados por pessoas eleitas ou designadas por seus associados

em votações, que devem assegurar direitos iguais de voto e de participação nas decisões.

3. **Participação econômica dos sócios**: os sócios contribuem para a formação do capital da cooperativa, administrado democraticamente por eles. Havendo receitas maiores que as despesas, a cooperativa deve ser fortalecida economicamente, e os sócios devem ser beneficiados na proporção da participação de cada um.

4. **Autonomia e independência**: a criação de cooperativas independe de autorização governamental, e suas decisões são tomadas sem interferência do governo, conforme prevê o art. 5°, inciso XVIII, da Constituição de 1988. As decisões são tomadas pelos sócios em assembleia e de maneira democrática.

5. **Educação, treinamento e conhecimento**: as cooperativas proporcionam educação e treinamento para sócios, representantes e administradores eleitos e colaboradores, capacitando-os para que possam colaborar efetivamente com o desenvolvimento da cooperativa.

6. **Cooperação entre cooperativas**: o fortalecimento do cooperativismo demanda intercâmbio de informações, produtos e serviços entre cooperativas locais, regionais, nacionais e internacionais, viabilizando o cooperativismo como atividade socioeconômica.

7. **Interesse pela comunidade**: o cooperativismo objetiva o desenvolvimento socioeconômico não apenas dos associados, mas também das comunidades, por meio de ações e políticas aprovadas pelos cooperados.

Os princípios são os alicerces de funcionamento de uma cooperativa. Com base neles, o estatuto social da cooperativa deve ser elaborado e cumprido pelos cooperados.

> A primeira cooperativa formalmente criada foi a Cooperativa de Rochdale, na Inglaterra, em 1844.

Alinhado com tais princípios e disposto a cumprir os termos do estatuto social da cooperativa, o cooperado deve participar ativamente, decidindo de maneira democrática com os demais cooperados os rumos da cooperativa, cumprindo deveres e obrigações em favor do desenvolvimento dessa sociedade e da promoção do bem-estar dos cooperados e gerando impacto positivo na comunidade em que a cooperativa está inserida.

Sem dúvida, a cooperativa é um tipo societário perfeitamente alinhado com demandas sociais, econômicas e ambientais inerentes à promoção do desenvolvimento sustentável, com respeito ao meio ambiente, à redução das desigualdades sociais e econômicas e ao trabalho digno, em sintonia com os objetivos do desenvolvimento sustentável preconizados pela Agenda 2030, da Organização das Nações Unidas (ONU, 2015).

— 4.4 —
Sociedade de advogados

De acordo com Mamede (2023), advogados podem constituir pessoas jurídicas que tenham por objeto a prestação de serviços advocatícios em sociedade de advogados.

Caso o advogado pretenda atuar individualmente, o art. 15 do Estatuto da Advocacia (Lei n. 8.906/1994) o autoriza a constituir uma sociedade unipessoal de advocacia, tipo societário específico para sociedade de advogados que permite a existência de um único sócio, adotando em sua denominação o nome de seu titular, seguida da expressão *sociedade individual de advocacia*, conforme determina o parágrafo 4º do art. 16 da Lei n. 8.906/1994.

Sociedade de advogados é uma sociedade simples com natureza jurídica única, prevista nos arts. 15 a 17 da Lei n. 8.906/1994; nos arts. 37 a 43 do Regulamento Geral da Advocacia e da OAB (1994); e no Provimento n. 112, de 10 de setembro de 2006, do Conselho Federal da OAB. Sua natureza jurídica é simples por ser uma sociedade de intelectuais para o exercício específico da advocacia, de natureza não empresarial.

Nesse sentido, a atividade jurídica não pode ser mercantilizada, tampouco as características inerentes à sociedade empresária, não sendo possível adotar nome fantasia ou realizar ações de *marketing* ostensivo voltadas à angariação de clientes (ofertas, sorteios, divulgação de lista de clientes, entre outras práticas questionáveis sob o ponto de vista da ética profissional).

As sociedades de advogados são criadas por meio da inscrição de seus atos constitutivos no Registro das Sociedades de Advogados, mantido pelas Seções da OAB, competentes para realizar a inscrição, a averbação de alterações contratuais e o registro de demais atos societários. É estritamente proibido o registro, nos cartórios de registro civil de pessoas jurídicas e nas juntas comerciais, de sociedade que inclua, entre outras finalidades, a atividade de advocacia, nos termos do parágrafo 3º do art. 16 do Estatuto da Advocacia (1994), sob pena de nulidade.

Segundo o art. 7º do Provimento n. 112/2006, "O registro de constituição das Sociedades de Advogados e o arquivamento de suas alterações contratuais devem ser feitos perante o Conselho Seccional da OAB, na forma do respectivo Regimento Interno" (OAB, 2006).

Portanto, nos termos do Estatuto da OAB (1994):

> Art. 15. [...]
>
> § 1º A sociedade de advogados e a sociedade unipessoal de advocacia adquirem personalidade jurídica com o registro aprovado de seus atos constitutivos no Conselho Seccional da OAB em cuja base territorial tiver sede.
>
> [...]
>
> 4º Nenhum advogado pode integrar mais de uma sociedade de advogados, constituir mais de uma sociedade unipessoal de advocacia, ou integrar, simultaneamente, uma sociedade de advogados e uma sociedade unipessoal de advocacia, com sede ou filial na mesma área territorial do respectivo Conselho Seccional. (Brasil, 1994a)

Mamede (2023) alerta que a possibilidade outorgada à seccional de examinar o ato constitutivo, podendo rejeitá-lo ou determinar alterações ou diligências, tem por finalidade garantir o respeito às normas regulamentares da OAB e impedir a utilização de cláusulas que ofendam os princípios básicos da advocacia, como a mercantilização, além de evitar que a sociedade seja constituída com a finalidade de fraudar a lei.

> Advogados podem constituir sociedade empresária, contanto que seja para a realização de objeto social diverso do exercício da advocacia.

— 4.5 —

Sociedade limitada

De acordo com Coelho (2011b), a sociedade limitada é o tipo societário mais presente na economia brasileira. Tal afirmação encontra respaldo nos dados fornecidos pelo Mapa de Empresas – Boletim do Segundo Quadrimestre de 2023, elaborado pelo Ministério do Desenvolvimento, Indústria, Comércio e Serviços, segundo os quais a sociedade empresária limitada corresponde ao tipo empresarial com maior volume de solicitações de abertura de empresas em juntas comerciais, equivalendo a 83,3% do total (Brasil, 2024).

Coelho (2011b) justifica a grande preferência pela sociedade limitada por duas de suas características: a limitação da responsabilidade dos sócios e a contratualidade.

A primeira característica corresponde à possibilidade legal de um ou mais empreendedores limitarem perdas e prejuízos, caso o empreendimento não atinja os objetivos desejados e fracasse financeiramente. Nesse caso, como regra geral, a responsabilidade é limitada ao valor do capital social, distinguindo-se o patrimônio da sociedade dos bens particulares dos sócios, em observância ao princípio da autonomia patrimonial.

A sociedade limitada pode ser unipessoal, conforme autoriza o parágrafo 1º do art. 1.052 do Código Civil.

A limitação de responsabilidade, por ser uma característica tão marcante e relevante nesse tipo societário, acaba por resultar na denominação de *sociedade limitada*, que, em termos práticos, representa a responsabilidade limitada de seus sócios.

A segunda característica diz respeito à possibilidade de os sócios ajustarem entre si, conforme suas vontades (contanto que sejam cumpridas as leis aplicáveis à sociedade), condições e critérios que conduzirão as atividades empresariais com uma liberdade maior, se comparada aos formalismos e regramentos impostos, por exemplo, pela Lei das S.A. Assim, a sociedade limitada se torna atrativa pela flexibilidade proporcionada pela contratualidade, ou seja, o ajuste de vontades entre os sócios conforme disposto no contrato social.

O Código Civil disciplina as sociedades limitadas entre os arts. 1.052 e 1.087. Em caso de omissões, o art. 1.053 autoriza a utilização, em caráter subsidiário, das normas da sociedade simples.

> Art. 1.053. A sociedade limitada rege-se, nas omissões deste Capítulo, pelas normas da sociedade simples.
>
> Parágrafo único. O contrato social poderá prever a regência supletiva da sociedade limitada pelas normas da sociedade anônima. (Brasil, 2002)

A critério dos sócios, em caso de lacunas nas regras das limitadas, em vez de utilizar em caráter subsidiário as normas da sociedade simples, o contrato social da sociedade limitada pode prever a aplicabilidade da Lei das S.A.

Entretanto, somente serão aplicáveis as regras da sociedade anônima naquilo que for coerente e compatível com a natureza jurídica da sociedade limitada, pois há regras e institutos típicas que são inviáveis de serem aplicados nas limitadas, como as questões inerentes a valores mobiliários (ações, debêntures e bônus de subscrição).

O uso supletivo das regras da Lei das S.A. se torna atrativo para sociedades limitadas de maior porte, com mais investimentos e uma estrutura social mais complexa e abrangente.

Ao se aplicarem as regras das sociedades anônimas nesse contexto, devem ser criados órgãos de fiscalização com atuação mais regular e regras mais exigentes, tais como conselho fiscal, governança corporativa e regras de conformidade, além de programas de integridade empresarial, com o objetivo de gerenciar os diversos setores da sociedade, minimizando riscos de fraudes e casos que envolvam a prática de ilícitos, como a corrupção.

Feita a ressalva quanto à viabilidade da aplicação em caráter subsidiário das normas das sociedades anônimas nas sociedades limitadas, defendemos que o melhor caminho seria uma solução híbrida, ou seja, a utilização subsidiária no contrato social tanto das regras aplicáveis às sociedades simples quanto das aplicáveis às sociedades anônimas. Tal tese se fundamenta no Enunciado 223 do Conselho da Justiça Federal (CJF, 2024d):

> O parágrafo único do art. 1.053 não significa a aplicação em bloco da Lei n. 6.404/76 ou das disposições sobre a sociedade simples. O contrato social pode adotar, nas omissões do Código sobre as sociedades limitadas, tanto as regras das sociedades simples quanto as das sociedades anônimas.

A escolha das regras seria feita com base em critérios de necessidade e conveniência, elaborando-se um contrato social sob medida, de modo a regulamentar a sociedade limitada considerando-se o melhor que cada tipo societário (sociedade simples e sociedade anônima) tem a oferecer para atender aos projetos empresariais e às expectativas dos sócios e investidores.

É importante destacar que o parágrafo 1º do art. 1.052 do Código Civil permite que a sociedade limitada seja constituída por apenas uma pessoa, tornando desnecessária a existência forçada de um quadro de sócios, na hipótese em que o empreendedor pretenda realizar seu projeto empresarial sozinho, sem sofrer interferência na gestão dos negócios, sem ter de prestar contas para sócios reais, sem ter de arregimentar sócios fictícios "laranjas", tampouco dividir os resultados sociais. Nesse caso, as quotas correspondem a 100% do capital social.

Da mesma forma, a sociedade limitada pode continuar existindo mesmo que reste apenas um único sócio, contanto que seja realizada a devida dissolução parcial da empresa, com o pagamento do que for devido aos sócios que se retiraram do quadro social, bem como a necessária alteração do contrato social para que a sociedade se torne unipessoal.

— 4.5.1 —
Características essenciais da sociedade limitada

Entre as características mais importantes da sociedade limitada, destacamos o princípio da autonomia patrimonial, que assegura aos sócios a proteção de seu patrimônio, impondo o limite de sua responsabilidade, que, como regra geral, é a integralização do capital social.

Contudo, será viável a aplicação da **teoria da desconsideração da personalidade jurídica** se ocorrer abuso da personalidade jurídica da sociedade limitada, escondendo-se o patrimônio da empresa (imóveis, veículos, equipamentos, recursos financeiros) ou misturando-o com o patrimônio particular do sócio, especialmente quando o objetivo for a realização de atos ilícitos, como fraudes e enriquecimento ilícito, de modo a esvaziar o patrimônio social para prejudicar credores, causando-lhes prejuízos. Nesse caso, o patrimônio do sócio será executado para satisfazer a obrigação pendente.

> A aplicação da teoria da desconsideração da personalidade jurídica tem requisitos previstos no art. 50 do Código Civil e deve ser requerida pela parte lesada ou pelo Ministério Público, não sendo o bastante para invocar sua aplicação a mera inadimplência da sociedade limitada.

— 4.5.2 —
Capital social e quotas sociais da sociedade limitada

O capital social da sociedade limitada divide-se em quotas sociais, que identificam a participação societária de cada sócio conforme o percentual de contribuição de cada um na formação do capital social.

Tais quotas sociais são subscritas pelos sócios, ou seja, correspondem a uma promessa de investir dinheiro ou realizar a transferência de bens ou direitos em favor da sociedade. A efetiva transferência patrimonial em favor da empresa é realizada por meio da integralização das quotas sociais, dever de todos os sócios, na proporção de sua participação societária.

O sócio que não integraliza suas quotas se torna um sócio remisso, ou seja, inadimplente perante a sociedade, hipótese em que o art. 1.058 do Código Civil autoriza que os demais sócios tomem as quotas do sócio inadimplente para si ou as transfiram para terceiros.

A integralização das quotas sociais por todos os sócios é fundamental, já que a sociedade limitada responde até o limite do valor do capital social devidamente integralizado. No entanto, conforme o art. 1.052 do Código Civil, um único sócio pode ser responsabilizado pela integralização de todo o capital social caso os demais estejam inadimplentes, pois há solidariedade entre eles no dever de integralizar o contrato social. Evidentemente, o sócio que arcar com o dever de integralizar a parte do capital que compete aos demais sócios poderá cobrar destes o ressarcimento da parte lhes cabia.

É possível ceder quotas para estranhos ou terceiros desde que não haja oposição de mais de um quarto do capital social, nos termos do art. 1.057 do Código Civil.

Nesse aspecto, a sociedade limitada apresenta uma característica marcante, que a difere substancialmente de uma associação ou cooperativa. As decisões não são, necessariamente, democráticas, pois os sócios que detiverem a maior parte de quotas sociais poderão decidir, ainda que numericamente representem a minoria de sócios.

Quotas sociais representam um valor econômico e, como tal, podem ser penhoradas em caso de dívidas, conforme prevê o inciso IX do art. 835 do Código de Processo Civil. Porém, as quotas devem ser liquidadas antes, assegurando-se à sociedade a oportunidade de pagar o valor ao credor, de acordo com o disposto no art. 861 do Código de Processo Civil.

— 4.5.3 —
Administração da sociedade limitada

A administração da sociedade limitada está prevista no Código Civil, entre os arts. 1.060 e 1.065, e pode ser realizada por uma ou mais pessoas, sócias ou não, designadas no contrato social ou em ato separado.

A nomeação de administrador em ato separado pode ser feita em reunião de sócios na qual assim se decida, com a aprovação de no mínimo dois terços dos sócios enquanto o capital social não estiver totalmente integralizado ou com a aprovação dos titulares de quotas correspondentes a mais da metade do capital social se este estiver totalmente integralizado.

Decidida a contratação do administrador, que pode ser um gestor profissional não sócio, este deve ser investido no cargo mediante termo de posse, registrado no livro de atas da administração. Sua nomeação deve ser arquivada perante o registro competente, o qual deve conter a qualificação completa do administrador (nome, nacionalidade, estado civil, residência, documento de identidade, ato e data da nomeação e prazo de gestão). Encerrando o prazo da gestão do administrador e não ocorrendo sua recondução ao cargo, sua função será encerrada.

> A nomeação do administrador deve ser arquivada no Registro Civil das Pessoas Jurídicas, para a sociedade limitada simples, ou no Registro Público de Empresas Mercantis a cargo da junta comercial, para a sociedade limitada empresarial, de acordo com o art. 1.150 do Código Civil.

Mesmo antes do término do prazo de gestão, o administrador pode renunciar ao cargo por meio de comunicação formal aos sócios ou ser destituído de sua função a qualquer tempo, por decisão dos sócios.

Perante terceiros, o afastamento do administrador somente produzirá efeitos jurídicos a partir do arquivamento e da publicação. Nesse caso, como cautela, além de publicar a destituição ou renúncia do administrador, convém que a sociedade dê ampla divulgação do ato para clientes, fornecedores, bancos e demais pessoas físicas ou jurídicas com quem a sociedade limitada mantenha relações jurídicas, evitando que questões relevantes sejam equivocadamente tratadas com uma pessoa que não mais representa a sociedade.

Nesse sentido, recomenda-se utilizar os meios de comunicação mais eficientes (especialmente meios digitais) para informar, de maneira clara, a saída do administrador, bem como os dados de contato do novo administrador.

Cabe aos administradores gerir a sociedade limitada fazendo uso adequado dos poderes que lhes foram confiados para cumprir os objetivos propostos, explorando adequadamente o objeto social (ramo de atividade) em busca do fim social da sociedade (o lucro).

Mesmo que os objetivos pretendidos não sejam alcançados, o administrador não pode ser pessoalmente responsabilizado, exceto na hipótese de restar provado que desempenhou suas funções de maneira culposa, agindo com negligência ou imprudência, cometendo excessos no uso dos poderes ou atuando de maneira ilícita, fugindo do objeto social da empresa. Nesses casos, a sociedade responderá pelos atos abusivos do administrador, especialmente perante terceiros de boa-fé que tenham sido prejudicados; o administrador também será responsabilizado, inclusive com bens particulares, tanto perante a sociedade quanto perante os terceiros prejudicados.

Além de realizar os atos de gestão necessários ao funcionamento regular da sociedade limitada, em observância às leis, o administrador tem o dever legal perante os sócios de, ao término de cada exercício social, elaborar o inventário, o balanço patrimonial e o balanço de resultado econômico, conforme impõe o art. 1.165 do Código Civil.

Tais relatórios permitem aos sócios analisar o resultado econômico e financeiro da atividade empresarial, inclusive para aferição do resultado do fim social da sociedade limitada, avaliar as perspectivas de crescimento da empresa e, se necessário, realizar mudanças nas decisões que dizem respeito à condução do negócio.

É importante ressaltar que as demonstrações financeiras e patrimoniais devem ser exatas e precisas, conforme as normas contábeis, e transparentes aos olhos de quem as interpreta, notadamente os sócios não administradores. Esse tema será abordado mais adiante.

— 4.5.4 —
Conselho fiscal

De modo facultativo, a sociedade limitada pode constituir um conselho fiscal, composto de três ou mais membros e respectivos suplentes, sócios ou não, residentes no país, eleitos na assembleia anual, conforme autoriza o art. 1.066 do Código Civil.

O conselho fiscal é um órgão de natureza fiscalizadora e consultiva, de existência mais comum em sociedades limitadas de médio e grande porte.

Ao se optar pela criação do conselho fiscal, sua constituição deve observar as regras descritas nos parágrafos 1º e 2º do art. 1.066 do Código Civil:

Art. 1.066. [...]

§ 1º Não podem fazer parte do conselho fiscal, além dos inelegíveis enumerados no § 1º do art. 1.011[12], os membros dos demais órgãos da sociedade ou de outra por ela controlada, os empregados de quaisquer delas ou dos respectivos administradores, o cônjuge ou parente destes até o terceiro grau.

§ 2º É assegurado aos sócios minoritários, que representarem pelo menos um quinto do capital social, o direito de eleger, separadamente, um dos membros do conselho fiscal e o respectivo suplente. (Brasil, 2002)

O regular funcionamento do conselho fiscal demanda um livro de atas e pareceres (art. 1.067 do Código Civil). Suas atribuições estão previstas na lei ou no contrato social, cabendo aos membros do conselho fiscal, individual ou conjuntamente, os seguintes deveres, nos termos do art. 1.069 do Código Civil:

Art. 1.069. [...]

I – examinar, pelo menos trimestralmente, os livros e papéis da sociedade e o estado da caixa e da carteira, devendo os administradores ou liquidantes prestar-lhes as informações solicitadas;

---

2 "Art. 1.011. [...] § 1º Não podem ser administradores, além das pessoas impedidas por lei especial, os condenados à pena que vede, ainda que temporariamente, o acesso a cargos públicos; ou por crime falimentar, de prevaricação, peita ou suborno, concussão, peculato; ou contra a economia popular, contra o sistema financeiro nacional, contra as normas de defesa da concorrência, contra as relações de consumo, a fé pública ou a propriedade, enquanto perdurarem os efeitos da condenação" (Brasil, 2002).

II – lavrar no livro de atas e pareceres do conselho fiscal o resultado dos exames referidos no inciso I deste artigo;

III – exarar no mesmo livro e apresentar à assembleia anual dos sócios parecer sobre os negócios e as operações sociais do exercício em que servirem, tomando por base o balanço patrimonial e o de resultado econômico;

IV – denunciar os erros, fraudes ou crimes que descobrirem, sugerindo providências úteis à sociedade;

V – convocar a assembleia dos sócios se a diretoria retardar por mais de trinta dias a sua convocação anual, ou sempre que ocorram motivos graves e urgentes;

VI – praticar, durante o período da liquidação da sociedade, os atos a que se refere este artigo, tendo em vista as disposições especiais reguladoras da liquidação. (Brasil, 2002)

De acordo com o art. 1.070 do Código Civil, as atribuições e os poderes conferidos ao conselho fiscal não podem ser outorgados a outro órgão da sociedade, e a responsabilidade de seus membros obedece à mesma regra que define a responsabilidade dos administradores.

Finalmente, o parágrafo único do art. 1.069 do Código Civil permite que o conselho fiscal nomeie um contador para auxiliá-lo no exame dos livros, dos balanços e das contas, mediante remuneração aprovada pela assembleia dos sócios.

Tal prática é recomendada em virtude da extraordinária complexidade que envolve o sistema fiscal e tributário brasileiro. O eventual descumprimento da legislação aplicável, ainda que de maneira não intencional, pode resultar em multas e outras responsabilizações para a sociedade e, extraordinariamente, para seus sócios.

Assim, um contador experiente pode realizar o papel de consultor técnico, certificando que a escrituração dos livros contábeis está sendo realizada em conformidade com a legislação e com as normas contábeis. Além disso, também pode assumir a função de auditor, assegurando aos sócios que livros, balanços e contas apresentados correspondem à realidade financeira e patrimonial da empresa, esclarecendo dúvidas e questionamentos e prevenindo conflitos societários por questões financeiras.

— 4.5.5 —
Deliberações dos sócios

Em se tratando de sociedade com mais de um sócio, certamente são necessárias deliberações para tratar de temas relativos à gestão da empresa, à estratégia comercial, à destinação de lucros e às demais questões que dizem respeito à regularidade dos negócios em busca dos objetivos pretendidos, o lucro.

Essas questões estratégicas devem ser tomadas de maneira colegiada, respeitando-se a vontade dos sócios, que têm voz e voto nas deliberações sociais da sociedade limitada, dada a natureza de contratualidade e *intuitu personae*, típicas das sociedades de pessoas.

De maneira exemplificativa, o art. 1.071 do Código Civil destaca alguns temas que, pela relevância, dependem de deliberação dos sócios em reunião ou assembleia, convocada pelos administradores, conforme previsto no contrato social:

> Art. 1.071. Dependem da deliberação dos sócios, além de outras matérias indicadas na lei ou no contrato:
>
> I – a aprovação das contas da administração;
>
> II – a designação dos administradores, quando feita em ato separado;
>
> III – a destituição dos administradores;
>
> IV – o modo de sua remuneração, quando não estabelecido no contrato;
>
> V – a modificação do contrato social;
>
> VI – a incorporação, a fusão e a dissolução da sociedade, ou a cessação do estado de liquidação;
>
> VII – a nomeação e destituição dos liquidantes e o julgamento das suas contas;
>
> VIII – o pedido de concordata. (Brasil, 2002)

Tais reuniões e assembleias podem ser realizadas por meios digitais, e os sócios podem participar e votar virtualmente, como autoriza o art. 1.080-A do Código Civil.

Entre as decisões mais relevantes que os sócios podem tomar, está a **exclusão de sócio** da sociedade. O art. 1.085 do Código Civil autoriza a exclusão de um ou mais sócios minoritários da sociedade quando estes colocarem em risco a continuidade da empresa, em virtude de atos comprovados de inegável gravidade, mediante alteração do contrato social, desde que este preveja a exclusão por justa causa.

O parágrafo único do art. 1.085 destaca que, havendo apenas dois sócios, a exclusão de um deles somente poderá ser determinada em reunião ou assembleia especialmente convocada para esse fim. O acusado deve estar ciente em tempo hábil, que permita seu comparecimento e o exercício do direito de defesa.

Decidindo-se pela expulsão de um ou mais sócios minoritários, o ato deve ser registrado em ata, a qual deve ser arquivada perante o registro competente.

A possibilidade de expulsar sócios nocivos à sociedade, extrajudicial ou judicialmente, homenageia o **princípio da preservação da empresa**, o qual defende que sua continuidade e proteção têm relevância jurídica superior à da vontade do sócio. Tal tese permite a sobreposição dos interesses da sociedade aos interesses individuais dos sócios nocivos, notadamente quando estes estão revestidos de abusos, atos ilícitos e demais situações que conflitem com os interesses da empresa, colocando em risco o adequado cumprimento de sua função social.

Nesse sentido, cabe ressaltar o Enunciado 53 do CJF (2024a): "Deve-se levar em consideração o princípio da função social na interpretação das normas relativas à empresa, a despeito da falta de referência expressa".

Posteriormente, voltaremos a analisar mais possibilidades de exclusão de sócios.

4.6
Sociedade por ações

As primeiras sociedades comerciais surgiram pela união de esforços de pessoas com objetivos e aptidões comuns, para explorar um determinado ramo comercial (padaria, tecelagem, sapataria, oficina, restaurante etc.).

Não raro, a escolha dos integrantes se dava por parentesco ou afinidade, constituindo uma espécie de vínculo de confiança entre os integrantes, o qual ia muito além da mera união de esforços em busca de lucro – os integrantes se mantinham unidos com um propósito comum e se sujeitavam às regras estabelecidas, visando dar o melhor de si pela prosperidade do negócio.

Esse padrão de comportamento dos integrantes passou a ser reconhecido como o que hoje entendemos por *affectio societatis*, um elemento subjetivo indispensável para a constituição de uma sociedade, união focada na pessoalidade de seus sócios.

Tais situações, somadas à possibilidade de se criarem regras para a admissão e a expulsão de sócios, inclusive com direito de vetar o ingresso de estranhos não alinhados com o perfil dos sócios e da sociedade, qualificaram esse tipo de união como **sociedade de pessoas** e **sociedade contratual**, em virtude justamente da contratualidade entre as partes que eram sócias do empreendimento e que se mantinham dessa forma por meio da *affectio societatis*.

Entretanto, o modelo apresentava limitações. A necessidade de reunir grandes quantidades de recursos financeiros e talentos para viabilizar empreitadas complexas e negócios de grande envergadura econômica (prospecção de petróleo, usinas, fábricas, construção civil, bancos etc.) exigia que o vínculo entre os sócios e a inerente *affectio societatis* fossem flexibilizados, surgindo a figura do sócio investidor e um novo perfil de sociedade, a **sociedade de capitais**.

Assim, criou-se um novo modelo de sociedade, no qual as partes têm um novo perfil, deixando em segundo plano características pessoais, como confiança interpessoal ou habilidades e competências úteis ao negócio explorado pela sociedade. Foi priorizado, desse modo, o ingresso de sócios aptos a realizar investimentos de natureza patrimonial e financeira.

A sociedade de capitais, portanto, objetiva facilitar o ingresso de sócios interessados essencialmente na possibilidade de lucro, ainda que não tenham qualquer interesse pela atividade comercial ou vínculo pessoal com os sócios que já integram a sociedade.

Nesse contexto, surge a ideia de uma **sociedade institucional**, regida por um estatuto social que adota o princípio da livre circulação comercial da participação societária, por meio da compra e venda de uma fração do capital social, que denominamos de *ação*. A compra e a venda de ações se baseiam nas melhores alternativas do mercado de bolsa de valores, sem restrições de natureza pessoal para que um investidor se torne **acionista** na sociedade de capitais, como acontece na sociedade de pessoas.

Atualmente, tais sociedades são especialmente atrativas para investidores que buscam objetivamente a remuneração de seu capital, sem se envolverem diretamente com a gestão do negócio e restringindo os riscos de serem pessoalmente responsabilizados em decorrência de dívidas da sociedade institucional, tema que abordaremos oportunamente.

Evidentemente, afastada a relação de confiança tradicionalmente existente nas sociedades contratuais e de pessoas, torna-se necessário demonstrar segurança, credibilidade e saúde financeira da sociedade institucional. Mesmo que o investidor seja indiferente ao ramo explorado comercialmente pela sociedade, ele precisa ter uma relativa segurança de retorno do investimento, inclusive para avaliar adequadamente os riscos da atividade ao se tornar sócio por meio da aquisição de ações.

Nesse sentido, ganham especial importância os contadores e os auditores, que fazem levantamentos periódicos relativos às finanças, ao patrimônio e às operações contábeis e comerciais do empreendimento, com o intuito de apresentá-los com transparência e veracidade aos investidores interessados.

Na hipótese de o investimento não resultar em um empreendimento lucrativo, o acionista, sem poderes de gestão e sem responsabilidade direta por resultados econômicos negativos, limitará sua perda ao capital investido (representado pelas ações adquiridas), preservando o restante de seu patrimônio pessoal. É uma operação particularmente atrativa, já que limita a exposição ao risco, inerente a qualquer empreendimento.

Para atender à necessidade comercial de limitar a responsabilidade e viabilizar grandes investimentos, foi sancionada no Brasil a Lei n. 6.404, de 15 de dezembro de 1976 (Lei das Sociedades Anônimas), que dispõe sobre as sociedades por ações, um tipo societário importante para a economia e para o Estado. Sem as sociedades por ações, grandes empreendimentos seriam inviáveis, seja pelos riscos, seja pela dificuldade em encontrar investidores interessados em se envolver diretamente com a gestão do empreendimento.

A legislação brasileira prevê duas espécies de sociedades por ações: a sociedade anônima e a sociedade em comandita por ações, tipos societários que analisaremos a seguir.

— 4.6.1 —
Sociedade anônima

A sociedade anônima é o tipo mais conhecido e utilizado de sociedade por ações. Também chamada de *companhia*, é atualmente regida pela Lei n. 6.404/1976, como já mencionamos. Em eventual omissão dessa lei, aplicam-se as regras do Código Civil, conforme prevê o art. 1.089.

De acordo com o art. 1º da Lei das S.A., sociedade anônima é a sociedade empresária com capital social dividido em ações, espécie de valor mobiliário, na qual os sócios, denominados *acionistas*, respondem pelas obrigações sociais até o limite do preço da emissão das ações que possuem.

A natureza jurídica da sociedade anônima é a de pessoa jurídica de direito privado, mesmo que constituída com capitais públicos, como é o caso da Petrobras (2024b), sociedade de economia mista, sob controle da União, que detém 28,67% do capital social.

Qualquer que seja seu objeto, a sociedade anônima será sempre mercantil, isto é, com finalidade lucrativa, e será regida pelas leis e usos do comércio, conforme estabelece o art. 2º, parágrafo 1º, da Lei n. 6.404/1976. O estatuto social define o objeto de modo preciso e completo.

A companhia pode ter por objeto participar de outras sociedades, mesmo que tal possibilidade não esteja prevista no estatuto social, pois isso pode servir como meio de realizar o objeto social ou para permitir que a companhia seja beneficiada com incentivos fiscais.

As sociedades por ações serão sempre empresariais, com o registro de seu estatuto social perante a junta comercial do estado no qual estiver sediada. Além disso, dada a complexidade de gestão, bem como as exigências previstas na Lei das S.A., são tradicionalmente tipos societários escolhidos para atividades de médio e grande porte (bancos, empreiteiras, indústrias etc.), dotados de uma complexa estrutura organizacional de gestão e controle se comparados, por exemplo, a uma sociedade limitada.

Conforme estabelece o art. 3º da Lei das S.A., a sociedade deve ser designada por denominação acompanhada dos termos *companhia* ou *sociedade anônima*, por extenso ou abreviados (*cia.* ou S.A.), utilizando-se elemento fantasia na construção do nome presente no estatuto social. O parágrafo 1º do referido artigo permite que figure na denominação o nome do fundador, acionista ou pessoa que tenha contribuído para o sucesso da empresa: por exemplo, Banco do Brasil S.A. (banco brasileiro, constituído na forma de sociedade de economia mista e com participação acionária do governo federal do Brasil em 50% das ações), WEG S.A. (abreviação do nome de seus fundadores: Werner Ricardo Voigt, Eggon João da Silva e Geraldo Werninghaus) e Magazine Luiza S.A. (nome de sua fundadora, Luiza Trajano Donato).

> A sociedade de economia mista é sempre sociedade anônima e tem sua criação autorizada em lei. Nela, existe a participação de capital público e privado, com o controle e a gestão a cargo do Poder Público.

Se a denominação for idêntica ou semelhante à de companhia já existente, a empresa prejudicada pode requerer a modificação, por via administrativa ou em juízo, mais perdas e danos resultantes, de acordo com o parágrafo 2º do art. 3º da Lei das S.A.

Vejamos, no quadro a seguir, as principais características da sociedade anônima.

Quadro 4.3 – Principais características da sociedade anônima

Característica	Descrição
Sociedade de capitais	A prioridade está na reunião de capitais, e não na pessoalidade dos acionistas, que, neste caso, é secundária. Logo, dá-se maior importância ao capital trazido pelo acionista para a companhia. Não há, portanto, como requisito legal, a presença de *intuitu personae*, típico das sociedades de pessoas, como as sociedades limitadas.
Responsabilidade limitada do acionista	O capital divide-se em ações, obrigando cada sócio ou acionista ao preço de emissão das ações que subscrever ou adquirir, conforme autoriza o art. 1.088 do Código Civil. Assim, uma vez integralizada a ação, em regra, o acionista não tem nenhuma responsabilidade adicional, inclusive em caso de falência, quando somente será atingido o patrimônio social da companhia. Ou seja, como regra geral, o valor da ação é o máximo que o acionista poderá perder caso a empresa não se torne lucrativa e eventualmente venha a ter falência decretada. Não haverá responsabilização sobre o patrimônio pessoal dos acionistas.
Estatuto social	Por ser uma sociedade institucional, a sociedade anônima não tem contrato social, mas estatuto social. Em essência, o estatuto social indica o capital social, o número e tipo de ações em que se divide o capital social, as questões inerentes ao exercício do direito de voto de cada classe de ação, a forma de distribuição de dividendos, o objeto da sociedade, as vantagens ou preferências atribuídas a cada classe de ações, além de regras gerais sobre a gestão do lucro, bem como sobre normas de interesse da companhia.

(continua)

(Quadro 4.3 - conclusão)

Característica	Descrição
Livre cessibilidade das ações	As ações correspondem a um bem móvel negociado independentemente de anuência dos demais acionistas. Os acionistas, pela simples compra ou venda de ações, podem entrar ou sair da sociedade sem depender da aprovação dos demais. Ou seja, as ações, em regra, podem ser livremente cedidas, o que gera uma constante mutação no quadro de acionistas. Porém, o estatuto pode trazer restrições à cessão, desde que não impeça incondicionalmente a negociação (art. 36 da Lei n. 6.404/1976).
Sociedade anônima aberta ou fechada	O art. 4º da Lei das S.A. permite que a companhia seja aberta ou fechada, conforme os valores mobiliários de sua emissão estejam ou não admitidos à negociação no mercado de valores mobiliários. De acordo com Sérgio Campinho (2023b), a sociedade aberta deve registrar a emissão pública de ações perante o órgão competente, que é a Comissão de Valores Mobiliários (CVM), autarquia responsável por disciplinar e fiscalizar a emissão de valores mobiliários, nos termos da Lei n. 6.385, de 7 de dezembro de 1976. Já a sociedade fechada (por exemplo, Votorantim S.A. e Volkswagen S.A.) não tem essas exigências, pois as ações não são emitidas para venda ao público – a integralização é feita em círculo fechado de pessoas. Nesse caso, os fundadores já dispõem do capital necessário à realização da atividade empresarial, dispensando a captação de recursos em bolsa de valores.

A companhia deve descrever no estatuto o valor de seu capital social, expresso em moeda nacional, que somente pode ser modificado com observância dos preceitos da Lei das S.A. (arts. 166 a 174) e do estatuto social. De acordo com o art. 7º da referida lei, o capital social pode ser composto de contribuições em dinheiro ou em qualquer espécie de bens suscetíveis de avaliação em dinheiro, como imóveis, veículos, equipamentos, quotas ou ações de outras sociedades.

O exercício social tem a duração de um ano, com a data de término fixada no estatuto, conforme determina o art. 175 da Lei das S.A. No entanto, a legislação não impõe que o início ocorra no dia 1º de janeiro e o término no dia 31 de dezembro. O exercício social precisa durar um ciclo de um ano, mas a data de início pode ser estabelecida em qualquer dia e mês, desde que observado o prazo de 12 meses de duração.

Essa flexibilidade é interessante, pois empresas com operações comerciais sazonais podem escolher a época mais propícia para apurar suas demonstrações contábeis, de acordo com o período que melhor represente o resultado de suas operações comerciais e o efetivo resultado financeiro, a exemplo do que ocorre com empresas agrícolas e agências de turismo.

— 4.6.2 —
Sociedade em comandita por ações

Pouco conhecida e raramente utilizada atualmente, a sociedade em comandita por ações é um tipo societário previsto entre os arts. 280 e 284 da Lei das S.A. e nos arts. 1.090 a 1.092 do Código Civil (que, em essência, replicam o teor dos mencionados artigos da Lei das S.A.). Esse tipo societário é regido, em caráter subsidiário, pelas normas aplicáveis às sociedades anônimas.

Sua criação decorre da necessidade de definir a responsabilidade dos acionistas conforme a natureza da atuação. Portanto, há basicamente duas categorias de sócios: **comanditados**, que administram o negócio, e **comanditários**, que apenas investem capital. A disposição do quadro societário é definida em estatuto social, que também dispõe sobre a nomeação de diretores e gerentes, os sócios comanditados.

O capital é dividido em ações e, de acordo com o art. 282 da Lei das S.A., a administração é realizada exclusivamente por sócios comanditados, que atuam como diretores ou gerentes.

Os sócios que não têm função diretiva e que não participam das decisões sociais são denominados *sócios comanditários*. Estes são responsáveis pelas obrigações sociais limitadas ao preço de emissão das ações que subscreveram ou adquiriram, não sendo obrigados a responder com patrimônio pessoal por dívidas sociais.

> Coelho (2011a) esclarece que a diferença essencial da sociedade em comandita por ações para a sociedade anônima está na responsabilidade dos sócios. Os sócios comanditados, ao administrarem a empresa, respondem pelas obrigações sociais assumidas durante sua gestão de forma subsidiária aos bens sociais da empresa.

Após o esgotamento do patrimônio da sociedade em comandita por ações, os sócios comanditados respondem de maneira ilimitada (sem qualquer exoneração) pelas obrigações da sociedade, inclusive com patrimônio pessoal, nos termos do art. 1.091 do Código Civil. Havendo mais de um diretor ou gerente, eles serão responsáveis solidariamente entre si pelas obrigações da sociedade.

Mesmo após a destituição ou a exoneração do cargo gerencial, o sócio comanditado permanece responsável pelas obrigações sociais contraídas sob sua gestão por até dois anos, contados a partir de seu afastamento do cargo, conforme prevê o parágrafo 3º do art. 1.091 do Código Civil.

Em virtude de sua atuação e responsabilidade à frente dos negócios na condição de dirigente, o sócio comanditado tem uma grande autonomia, exercendo suas atribuições diretivas sem limitação de tempo. Assim, somente pode ser destituído de suas funções por deliberação e votação de acionistas que representem, no mínimo, expressivos dois terços do capital social, como determina o parágrafo 1º do art. 282 da Lei das S.A., condição que tende a preservá-lo na função diretiva.

Diante de tamanha responsabilidade pessoal e patrimonial solidária, as decisões estratégicas da sociedade em comandita por ações dependem do consentimento de diretores ou gerentes, tais como a alteração do objeto da sociedade, a prorrogação do prazo de duração, o aumento ou a diminuição do capital social, a emissão de debêntures, a criação de partes beneficiárias ou a participação em grupo de sociedade, conforme indica o art. 283 da Lei das S.A..

— 4.6.3 —
Constituição da sociedade por ações

De acordo com Campinho (2023b), a constituição de uma sociedade por ações deve envolver uma série de atos previstos na lei em três fases: 1) requisitos preliminares; 2) atos de constituição; 3) formalidades complementares.

O art. 80 da Lei das S.A. estabelece requisitos preliminares para a constituição da companhia, aberta ou fechada:

> Art. 80. A constituição da companhia depende do cumprimento dos seguintes requisitos preliminares:
>
> I – subscrição, pelo menos por 2 (duas) pessoas, de todas as ações em que se divide o capital social fixado no estatuto;
>
> II – realização, como entrada, de 10% (dez por cento), no mínimo, do preço de emissão das ações subscritas em dinheiro;
>
> III – depósito, no Banco do Brasil S.A., ou em outro estabelecimento bancário autorizado pela Comissão de Valores Mobiliários, da parte do capital realizado em dinheiro.
>
> Parágrafo único. O disposto no número II não se aplica às companhias para as quais a lei exige realização inicial de parte maior do capital social. (Brasil, 1976b)

Tais regras impõem aos fundadores da sociedade anônima o dever de subscrever integralmente o capital social e a entrada de 10% do preço de emissão das ações em dinheiro, a ser depositado em banco autorizado, para viabilizar a constituição da companhia, assegurando uma garantia mínima aos credores.

Atendidos os requisitos preliminares, a etapa subsequente envolve os atos de constituição, por meio de subscrição pública, para companhia aberta, ou subscrição particular, para companhia fechada.

Na **subscrição pública**, com o objetivo de constituir uma sociedade anônima de capital aberto, a relevância da sociedade por ações para a promoção do desenvolvimento econômico faz com que o Estado se preocupe tanto com a sua constituição quanto com o seu regular funcionamento.

Nesse sentido, a CVM, vinculada ao Ministério da Fazenda, é responsável pela auditoria das sociedades anônimas de capital aberto. De acordo com o art. 2º da Resolução CVM n. 24, de 5 de março de 2021, a CVM tem por finalidade:

> I – estimular a formação de poupança e a sua aplicação em valores mobiliários;
>
> II – promover a expansão e o funcionamento eficiente e regular do mercado de ações, e estimular as aplicações permanentes em ações do capital social de companhias abertas sob controle de capitais privados nacionais;
>
> III – assegurar o funcionamento eficiente e regular dos mercados da bolsa e de balcão;
>
> IV – proteger os titulares de valores mobiliários e os investidores do mercado contra:
>
> a) emissões irregulares de valores mobiliários;

b) atos ilegais de administradores e acionistas controladores das companhias abertas, ou de administradores de carteira de valores mobiliários; e

c) o uso de informação relevante não divulgada no mercado de valores mobiliários;

V – evitar ou coibir modalidades de fraude ou manipulação destinadas a criar condições artificiais de demanda, oferta ou preço dos valores mobiliários negociados no mercado;

VI – assegurar o acesso do público a informações sobre os valores mobiliários negociados e as companhias que os tenham emitido;

VII – assegurar a observância de práticas comerciais equitativas no mercado de valores mobiliários;

VIII – assegurar a observância, no mercado, das condições de utilização de crédito fixadas pelo Conselho Monetário Nacional. (CVM, 2021a)

Dessa forma, compete à CVM promover a normatização e a supervisão do mercado de capitais, autorizando o início das atividades das companhias de capital aberto, elaborando normas e sancionando condutas irregulares.

Somente depois de receber a autorização da CVM é que a companhia poderá oferecer-se aos investidores como uma alternativa de investimento, com a oferta de suas ações por meio de uma instituição financeira autorizada pela própria Comissão.

Caso a companhia lance ações no mercado sem autorização do governo federal, configura-se crime, com pena de reclusão de 2 a 8 anos e multa, de acordo com o art. 7º, inciso IV, da Lei n. 7.492, de 16 de junho de 1986, que define os crimes contra o sistema financeiro nacional:

> Art. 7º Emitir, oferecer ou negociar, de qualquer modo, títulos ou valores mobiliários:
>
> I – falsos ou falsificados;
>
> II – sem registro prévio de emissão junto à autoridade competente, em condições divergentes das constantes do registro ou irregularmente registrados;
>
> III – sem lastro ou garantia suficientes, nos termos da legislação;
>
> IV – sem autorização prévia da autoridade competente, quando legalmente exigida:
>
> Pena – Reclusão, de 2 (dois) a 8 (oito) anos, e multa. (Brasil, 1986)

Para o investidor, a companhia deve ser transparente quanto ao controle e à fiscalização da gestão da empresa, desde a sua constituição, viabilizando que os investimentos sejam realizados com segurança.

Neste ponto, torna-se importante distinguir o prejuízo (ou eventual falência) decorrente de fatores econômicos (conjunta de mercado, concorrência, obsolescência do produto ou serviço ofertado, variação cambial, crises conjunturais, entre outras possibilidades que atingem o negócio sem qualquer possibilidade de interferência da companhia) do prejuízo decorrente de má administração ou práticas fraudulentas.

Ambas as hipóteses expõem naturalmente o investidor a um risco maior na alocação de seus recursos financeiros quando comparado com o risco em investimentos tradicionais. Entretanto, o prejuízo decorrente de irregularidades e fraudes na captação de recursos pela companhia ou da gestão irregular é um fato distinto e muito mais grave do que o insucesso comercial de um empreendimento por razões estritamente econômicas.

Desse modo, o governo federal visa coibir fraudes e irregularidades por meio da regulamentação e da fiscalização em caráter permanente promovidas pela CVM, tanto na abertura das sociedades quanto em seu funcionamento, determinando, inclusive, a obrigatoriedade da publicação de demonstrações financeiras e da ocorrência de fatos relevantes.

Portanto, a intervenção do Estado nas sociedades por ações de capital aberto, notadamente por meio da CVM, objetiva oferecer um certo nível de segurança, visto que investir em companhias tem um risco elevado em comparação com investimentos tradicionais, como caderneta de poupança, títulos públicos federais emitidos pelo governo brasileiro e aquisição de bens imóveis ou moedas com um forte lastro econômico e relativa valorização ao longo do tempo (dólar, euro, libra ou ouro).

A gestão irregular e fraudulenta prejudica individualmente o investidor e, em especial, o pequeno investidor, podendo resultar na perda de capital, além de prejudicar coletivamente o mercado de bolsa de valores, afetando negativamente a reputação desse relevante setor da economia.

Logo, a regulamentação e a fiscalização efetuadas pela CVM visam criar um ambiente de eficiência e integridade, voltado ao desenvolvimento do mercado de capitais no Brasil, promovendo o equilíbrio entre a iniciativa dos agentes econômicos, a efetiva proteção dos investidores e a credibilidade do mercado de bolsa de valores. É somente após o atendimento dos requisitos legais perante a Comissão que a subscrição pública poderá ser realizada, com a intermediação de instituição financeira, conforme autoriza o art. 82 da Lei das S.A.

As etapas da subscrição pública são estas:

a. O pedido de registro de emissão é instruído com o estudo de viabilidade econômica e financeira do empreendimento, o projeto do estatuto social e o prospecto organizado e assinado pelos fundadores e pela instituição financeira intermediária, para cumprir as exigências previstas no art. 84 da Lei das S.A.

b. Após a análise documental (estudo de viabilidade, projeto de estatuto social e prospecto), a CVM pode solicitar alterações nesses documentos ou negar o registro por inviabilidade ou temeridade do empreendimento ou inidoneidade dos fundadores.

c. Deferido o registro, a instituição financeira pode disponibilizar as ações ao público investidor para serem subscritas, com a garantia de responsabilidade solidária com os fundadores pelos prejuízos resultantes da inobservância dos preceitos legais (art. 92 da Lei das S.A.).

d. Encerrada a subscrição de todo o capital social, os fundadores devem convocar assembleia-geral para avaliar os bens utilizados na integralização das ações subscritas e deliberar sobre a constituição da companhia, em especial a discussão e a votação do projeto do estatuto e a nomeação dos administradores e fiscais, nos termos dos arts. 86 e 87 da Lei das S.A.

e. Por fim, a escritura pública deve ser assinada por todos os subscritores e conter as seguintes informações (parágrafo 2º do art. 88 da Lei das S.A.): qualificação dos subscritores; estatuto da companhia; relação das ações tomadas pelos subscritores e pelos valores das entradas pagas; transcrição do recibo de depósito das entradas em dinheiro; transcrição do laudo de avaliação dos peritos, caso tenha havido subscrição do capital em bens; nomeação dos primeiros administradores e, quando for o caso, dos fiscais.

Já na **subscrição particular**, Campinho (2023b) explica que não há publicidade ou qualquer apelo público, pois é realizada exclusivamente para um círculo fechado de subscritores, os fundadores da companhia fechada. Sacramone (2023) esclarece que não é preciso realizar prévio registro na CVM, tampouco se exige a intermediação de instituição financeira.

Os interessados deliberam em assembleia-geral ou por escritura pública, conforme autoriza o art. 88 da Lei das S.A. Optando-se pela assembleia, devem ser observadas as exigências dos art. 86 e 87 da referida lei.

Finalizada a subscrição, pública ou particular, torna-se necessária a realização das **formalidades complementares**:

a. se a companhia foi constituída por assembleia, a ata deve ser assinada pelos subscritos presentes, bem como submetida a registro perante o Registro Público de Empresas Mercantis, sob a responsabilidade da junta comercial, no prazo de 30 dias, para que seus efeitos retroajam à data da constituição, como alerta Sacramone (2023).

b. Se a companhia foi constituída por escritura pública, o art. 96 da Lei das S.A. autoriza o mero arquivamento de certidão do instrumento.

Segundo o art. 98 da Lei das S.A., arquivados os documentos constitutivos da companhia perante a junta comercial, os administradores devem publicá-los nos 30 dias subsequentes, juntamente com a certidão do respectivo arquivamento, em órgão oficial do local da sede da companhia.

Quanto à integralização das ações subscritas, os bens inerentes devem ser transferidos à companhia. De acordo com Sacramone (2023), a incorporação de imóveis para a formação do capital social não exige escritura pública, pois a certidão dos atos constitutivos arquivados no Registro Público de Empresas Mercantis é documento suficiente para promover a transferência dos bens imóveis perante o cartório de registro de imóveis.

O autor adverte que, não sendo realizado o arquivamento dos atos constitutivos ou da publicação no prazo legal, caso a companhia passe a exercer sua atividade irregularmente, ela não responderá pelos atos ou operações praticados pelos primeiros administradores antes de cumpridas as formalidades. Nesse caso, os eventuais prejuízos sofridos pela companhia serão suportados solidariamente pelos primeiros administradores, a não ser que a companhia delibere em assembleia-geral em sentido contrário, de acordo com o caput do art. 99 da Lei das S.A.

— 4.6.4 —
Classificação da sociedade por ações

Como vimos anteriormente, a sociedade anônima pode ser constituída por subscrição pública ou particular, o que resulta em uma sociedade anônima de capital aberto, com a oferta pública e a negociação de ações em bolsa de valores, ou em uma sociedade anônima de capital fechado, com a negociação fechada de suas ações, sem oferta pública no mercado de capitais, conforme prevê o art. 4º da Lei das S.A.

De acordo com Coelho (2011a), a classificação em aberta ou fechada é fundamental, pois a partir dela é definido o modelo organizacional de empresa, a depender do porte e da necessidade de captar recursos com investidores.

Em sociedade de pequeno ou médio porte, como regra geral, as atividades podem ser viabilizadas e desenvolvidas por meio da soma dos recursos de um círculo fechado de pessoas que se conhecem e nutrem uma relação de confiança, mantendo a sociedade fechada para terceiros estranhos à operação. Isso representa uma típica sociedade baseada na *affectio societatis*, que caracteriza a sociedade por ações fechada, sem a negociação de ações no mercado de capitais, em bolsa de valores.

Todavia, como empreendimentos de grande envergadura e complexidade demandam investimentos dos quais um grupo de investidores pode não dispor, para viabilizar o negócio, torna-se necessário captar recursos com investidores externos, com a oferta pública das ações da sociedade em bolsa de valores, configurando-se uma sociedade por ações aberta.

Ao pretender realizar a oferta pública de ações, a sociedade anônima se sujeita ao atendimento dos respectivos requisitos legais típicos das sociedades anônimas abertas: prévia autorização do governo, lançamento de seus valores mobiliários perante a CVM e obrigatoriedade de publicar demonstrações financeiras e fatos relevantes relacionados à gestão.

O art. 2º da Resolução CVM n. 44, de 23 de agosto de 2021, considera ato ou fato relevante as decisões relacionadas aos negócios de natureza político-administrativa, técnica, negocial ou econômico-financeira, tomadas pelo acionista controlador ou fruto de deliberação da assembleia-geral ou dos órgãos de administração da companhia aberta, que possam influenciar de maneira relevante:

> I – na cotação dos valores mobiliários de emissão da companhia aberta ou a eles referenciados;
>
> II – na decisão dos investidores de comprar, vender ou manter aqueles valores mobiliários; ou

III – na decisão dos investidores de exercer quaisquer direitos inerentes à condição de titular de valores mobiliários emitidos pela companhia ou a eles referenciados. (CVM, 2021b)

Coelho (2011a) justifica tais exigências pelo fato de que o investimento em empreendimentos e o fortalecimento do mercado acionário demandam certa segurança de que os recursos financeiros investidos não serão alvo de práticas ilícitas ou de má administração, o que pode ser prevenido por meio de controle governamental.

— 4.6.5 —
Ações e acionistas

Como vimos, a sociedade anônima é regida pelo seu estatuto social, seu capital social é dividido em ações, e a responsabilidade de sócios ou acionistas é limitada ao preço de emissão das ações subscritas ou adquiridas, conforme os arts. 1º e 2º da Lei das S.A.

O valor de uma ação corresponde à quantia paga pelo preço da emissão em favor da companhia emitente, com o objetivo de se tornar acionista da companhia, condição que assegura ao investidor o direito de participar dos resultados da sociedade.

Na sociedade anônima, sob a perspectiva do **acionista puramente investidor**, que não tem poderes para participar diretamente da gestão, tampouco votar nas deliberações, "quem trabalha é o dinheiro investido". É uma situação diferente da observada na sociedade limitada, na qual há contratualidade, vínculo pessoal entre os sócios, participação nas decisões e efetiva contribuição pessoal para o sucesso do empreendimento.

Considerando-se que a natureza da companhia é empresarial, institucional e capitalista, visto que estamos tratando de uma sociedade de capitais, as ações são negociadas independentemente do consentimento dos demais acionistas.

Coelho (2011a) afirma que as ações são classificadas de acordo com três critérios: espécie, forma e classe.

O **critério da espécie** diz respeito à extensão dos direitos e das vantagens assegurados ao acionista. Contempla três categorias, previstas na Lei n. 6.404/1976 e descritas no quadro a seguir.

Quadro 4.4 – Tipos de ações conforme a espécie

Tipo de ação	Descrição
Ação ordinária (art. 16 da Lei das S.A.)	Ação comum, sem qualquer vantagem ou preferência especial. O sócio titular de ação ordinária tem o direito de fiscalizar o capital, receber dividendos e participar do acervo (patrimônio) da companhia, inclusive em caso de liquidação.
	Um atributo peculiar da ação ordinária é o direito de voto em assembleia-geral de acionistas e a possibilidade de alterar aspectos relevantes do estatuto social. Por consequência, o acionista ou o grupo de acionistas ordinários que detiver mais da metade das ações ordinárias será o controlador da companhia e poderá nomear os administradores, aprovar alterações no estatuto social e decidir os rumos da companhia.

(continua)

(Quadro 4.4 – conclusão)

Tipo de ação	Descrição
Ação preferencial (art. 17 da Lei das S.A.)	Ação que assegura ao acionista uma preferência, uma vantagem, se comparada às demais ações da companhia, inclusive a ação ordinária. São mantidos os direitos inerentes à condição de sócio, tais como o de fiscalizar, receber dividendos e participar do acervo da companhia. Os detalhes referentes à preferência devem ser definidos no estatuto social. Tradicionalmente, o benefício tem natureza econômico-financeira, tais como premiação adicional, dividendos mínimos garantidos ou pagamento antecipado de dividendos em relação aos demais acionistas. Por outro lado, o estatuto social pode restringir ao acionista preferencial o direito de votar nas deliberações sociais, tornando-o um investidor meramente capitalista. A depender do perfil do investidor, inexistindo interesse ou disponibilidade de atuar diretamente na gestão da sociedade, a aquisição de ações preferenciais pode ser atrativa, já que a renúncia ao poder de votar em deliberações sociais vem acompanhada de pagamento de dividendos diferenciados. De acordo com o art. 15, parágrafo 2°, da Lei das S.A., o número de ações preferenciais sem direito a voto, ou sujeitas à restrição no exercício desse direito, não pode ultrapassar 50% do total das ações emitidas.
Ação de fruição	Atribuída aos acionistas ordinários ou preferenciais cujas ações foram totalmente amortizadas, ou seja, pagas antes de a sociedade ser dissolvida e liquidada (formalmente extinta).

Fonte: Elaborado com base em Coelho, 2011a.

O **critério da forma** refere-se à mudança de titularidade. Nesse sentido, as ações podem ser nominativas ou escriturais. As ações nominativas circulam por meio de registros nos livros da sociedade anônima que as emitiu (art. 31, parágrafos 1º e 2º, da Lei das S.A.). Já as ações escriturais são transferidas por intermédio de registro na instituição financeira depositária devidamente autorizada pela CVM.

O **critério da classe** é o último citado por Coelho (2011a). O estatuto social pode definir diferentes classes de ações, tornando-as atrativas para perfis distintos de investidores. O autor exemplifica com um cenário em que três grupos empresariais buscam explorar conjuntamente determinada atividade empresarial. O primeiro grupo quer explorar uma atividade econômica para atender a uma demanda de outra atividade empresarial, como uma empresa de seguro médico que quer construir um hospital; o segundo grupo busca apenas e tão somente participar do empreendimento visando aos resultados que poderão ser oportunamente distribuídos; o terceiro grupo é um fundo de pensão que precisa investir seus ativos em diversos empreendimentos.

Nesse caso, a gestão do empreendimento, a rigor, caberia apenas ao primeiro grupo, que poderia deter ações ordinárias, com direito a voto nas deliberações sociais. Os demais grupos dispensariam o poder de gestão, podendo ser acionistas preferenciais sem direito a voto, contanto que lhes sejam asseguradas vantagens financeiras específicas, conforme seus objetivos.

Para atendê-los adequadamente, o estatuto da companhia pode definir diferentes classes de ações.

A Lei das S.A. estabelece direitos e prerrogativas aos acionistas minoritários. Portanto, é necessário abordar o conceito de **maioria** e, em contraposição, o de **minoria**, segundo as peculiaridades da referida lei. Tradicionalmente, o senso comum orienta que *maioria* corresponde à "metade mais um", partindo da premissa de que cada participante de uma deliberação tem um voto.

Entretanto, vimos que o direito de votar não é direito essencial, dado que nem todos os sócios o têm, já que pode variar de acordo com a classe e as características das ações. Ou seja, a Lei das S.A. autoriza que o estatuto social crie classes de ações com e sem direito a voto para, como regra geral, participar e ter voz ou não nas assembleias.

Nesse caso, o conceito de maioria em deliberações sociais se refere ao maior volume das ações com direito a voto.

Considerando-se que o art. 15, parágrafo 2º, da Lei das S.A. permite acionistas sem voto, que podem atingir 50% do capital social somente em ações preferenciais, as deliberações sociais competem aos detentores das ações ordinárias (com direito a voto). Somente os votos desses acionistas são considerados nas disputas sociais e, logo, apenas algumas classes de acionistas (e os respectivos grupos de interesse na companhia) têm o poder de influenciar e tomar decisões relativas à gestão da sociedade, conforme seu poder de decisão nas assembleias de acionistas, a depender, inclusive, da quantidade de ações com direito a voto.

O art. 116 da Lei das S.A. conceitua o **acionista controlador**:

> Art. 116. Entende-se por acionista controlador a pessoa, natural ou jurídica, ou o grupo de pessoas vinculadas por acordo de voto, ou sob controle comum, que:
>
> a) é titular de direitos de sócio que lhe assegurem, de modo permanente, a maioria dos votos nas deliberações da assembleia-geral e o poder de eleger a maioria dos administradores da companhia; e
>
> b) usa efetivamente seu poder para dirigir as atividades sociais e orientar o funcionamento dos órgãos da companhia.
>
> Parágrafo único. O acionista controlador deve usar o poder com o fim de fazer a companhia realizar o seu objeto e cumprir sua função social, e tem deveres e responsabilidades para com os demais acionistas da empresa, os que nela trabalham e para com a comunidade em que atua, cujos direitos e interesses deve lealmente respeitar e atender.
>
> Art. 116-A. O acionista controlador da companhia aberta e os acionistas, ou grupo de acionistas, que elegerem membro do conselho de administração ou membro do conselho fiscal, deverão informar imediatamente as modificações em sua posição acionária na companhia à Comissão de Valores Mobiliários e às Bolsas de Valores ou entidades do mercado de balcão organizado nas quais os valores mobiliários de emissão da companhia estejam admitidos à negociação, nas condições e na forma determinadas pela Comissão de Valores Mobiliários. (Brasil, 1976b)

Conforme prevê o art. 116-A, o acionista controlador tem um inequívoco poder de controle sobre a companhia, pois detém a maioria dos votos nas deliberações da assembleia-geral e tem poder para eleger a maioria dos administradores.

Por outro lado, precisa demonstrar em assembleias consecutivas que efetivamente está conduzindo com eficiência as atividades sociais, atendendo aos interesses de todas as classes de acionistas, orientando adequadamente o funcionamento dos órgãos societários, cumprindo a função social da empresa e atingindo o fim social proposto, notadamente, por meio de expressivos resultados financeiros e adequada distribuição de dividendos.

O eventual abuso de poder por parte do acionista controlador pode resultar em responsabilização civil, caso gere danos aos demais acionistas, com o dever de indenizar eventuais prejudicados. O art. 117 da Lei das S.A. descreve as modalidades de **exercício abusivo de poder**:

> Art. 117. O acionista controlador responde pelos danos causados por atos praticados com abuso de poder.
>
> § 1º São modalidades de exercício abusivo de poder:
>
> a) orientar a companhia para fim estranho ao objeto social ou lesivo ao interesse nacional, ou levá-la a favorecer outra sociedade, brasileira ou estrangeira, em prejuízo da participação dos acionistas minoritários nos lucros ou no acervo da companhia, ou da economia nacional;

b) promover a liquidação de companhia próspera, ou a transformação, incorporação, fusão ou cisão da companhia, com o fim de obter, para si ou para outrem, vantagem indevida, em prejuízo dos demais acionistas, dos que trabalham na empresa ou dos investidores em valores mobiliários emitidos pela companhia;

c) promover alteração estatutária, emissão de valores mobiliários ou adoção de políticas ou decisões que não tenham por fim o interesse da companhia e visem a causar prejuízo a acionistas minoritários, aos que trabalham na empresa ou aos investidores em valores mobiliários emitidos pela companhia;

d) eleger administrador ou fiscal que sabe inapto, moral ou tecnicamente;

e) induzir, ou tentar induzir, administrador ou fiscal a praticar ato ilegal, ou, descumprindo seus deveres definidos nesta Lei e no estatuto, promover, contra o interesse da companhia, sua ratificação pela assembleia-geral;

f) contratar com a companhia, diretamente ou através de outrem, ou de sociedade na qual tenha interesse, em condições de favorecimento ou não equitativas;

g) aprovar ou fazer aprovar contas irregulares de administradores, por favorecimento pessoal, ou deixar de apurar denúncia que saiba ou devesse saber procedente, ou que justifique fundada suspeita de irregularidade.

h) subscrever ações, para os fins do disposto no art. 170, com a realização em bens estranhos ao objeto social da companhia. (Incluída dada pela Lei n. 9.457, de 1997)

§ 2º No caso da alínea e do § 1º, o administrador ou fiscal que praticar o ato ilegal responde solidariamente com o acionista controlador.

§ 3º O acionista controlador que exerce cargo de administrador ou fiscal tem também os deveres e responsabilidades próprios do cargo. (Brasil, 1976b)

Finalmente, há ainda o **acionista minoritário**, cujos interesses precisam ser preservados, especialmente quando divergirem das decisões dos majoritários e do acionista controlador. A Lei das S.A. assegura direitos essenciais ao acionista minoritário, exigindo sua participação em matérias que requeiram aprovação por unanimidade em situações de grande relevância, tais como a mudança de nacionalidade e a transformação da sociedade, tema que será abordado mais adiante.

Além disso, José Edwaldo Tavares Borba (2022) destaca outros instrumentos de proteção aos acionistas minoritários, entre os quais destacamos: direito de pedir a instalação do conselho fiscal, direito de eleger um membro e respectivo suplente do conselho fiscal e do conselho de administração, direito de convocar assembleia-geral e direito de exigir a exibição integral dos livros da companhia.

Esses direitos dialogam com o dever da companhia de prestar contas, bem como com o de ser dirigida com estrita observância às diretrizes de governança corporativa, ética, transparência e lealdade, devendo o estatuto social prever mecanismos de proteção dos acionistas minoritários. Nesse sentido, cabe à CVM, quando a companhia for aberta, fiscalizar a atuação de administradores e controladores, sancionando eventual fraude ou abuso de poder quando suas ações resultarem em prejuízo aos direitos dos minoritários.

— 4.6.6 —
Órgãos das sociedades por ações

Em virtude da complexidade organizacional das sociedades por ações, a Lei das S.A. prevê quatro órgãos sociais com funções gerenciais específicas:

1. conselho de administração;
2. conselho fiscal;
3. assembleia-geral;
4. diretoria.

O objetivo é descentralizar a gestão da sociedade, com cada órgão atuando conforme os limites previstos na referida lei e de acordo com as atribuições e competências definidas no estatuto social, em defesa dos interesses de todas as classes de acionistas, inclusive os minoritários.

Segundo o art. 146 da Lei das S.A., apenas pessoas físicas podem ser eleitas para gerir os órgãos sociais.

A existência da assembleia-geral, da diretoria e do conselho fiscal é obrigatória para todas as companhias. A existência do conselho de administração é obrigatória para companhias abertas e facultativa para companhias fechadas, como autoriza o parágrafo 2º do art. 138 da Lei das S.A.

A seguir, analisaremos cada um dos quatro órgãos societários.

Assembleia-geral de acionistas

A assembleia-geral de acionistas é o órgão deliberativo máximo ao qual compete decidir sobre negócios relativos ao objeto da companhia e tomar as resoluções que julgar convenientes à sua defesa e desenvolvimento, nos termos do art. 121 da Lei das S.A.

A convocação da assembleia-geral deve ser realizada pelo conselho de administração (inexistindo conselho de administração, deve ser convocada pela diretoria), observando-se as formalidades previstas no estatuto social. Em situações extraordinárias, graves ou urgentes, o conselho fiscal tem legitimidade para convocar a assembleia-geral.

Havendo atraso ou negativa para a convocação, os acionistas podem convocar a assembleia-geral, nos termos do art. 123 da Lei das S.A.

O art. 124 da referida lei disciplina como a convocação deve ser feita: anúncio publicado pelo menos três vezes, com indicação de local, data e hora da assembleia, ordem do dia e, no caso de reforma do estatuto, indicação da matéria.

Feita a convocação, os administradores devem disponibilizar previamente aos acionistas os seguintes documentos, descritos no art. 133 da Lei das S.A.:

> I – o relatório da administração sobre os negócios sociais e os principais fatos administrativos do exercício findo;
>
> II – a cópia das demonstrações financeiras;

III – o parecer dos auditores independentes, se houver.

IV – o parecer do conselho fiscal, inclusive votos dissidentes, se houver; e

V – demais documentos pertinentes a assuntos incluídos na ordem do dia. (Brasil, 1976b)

Tais formalidades visam garantir a devida comunicação prévia aos acionistas, evitando-se reuniões à revelia dos interessados e divulgando-se antecipadamente a pauta, de modo a viabilizar a análise e a auditoria dos documentos relacionados à administração da companhia, pesquisas e consultas prévias às deliberações e votações referentes às matérias que serão discutidas e que, a rigor, dizem respeito aos direitos e interesses de todos os acionistas.

De acordo com o art. 122 da Lei das S.A., compete exclusivamente à assembleia-geral:

I – reformar o estatuto social;

II – eleger ou destituir, a qualquer tempo, os administradores e fiscais da companhia, ressalvado o disposto no inciso II do art. 142;

III – tomar, anualmente, as contas dos administradores e deliberar sobre as demonstrações financeiras por eles apresentadas;

IV – autorizar a emissão de debêntures, ressalvado o disposto nos §§ 1º, 2º e 4º do art. 59;

V – suspender o exercício dos direitos do acionista (art. 120);

VI – deliberar sobre a avaliação de bens com que o acionista concorrer para a formação do capital social;

VII – autorizar a emissão de partes beneficiárias;

VIII – deliberar sobre transformação, fusão, incorporação e cisão da companhia, sua dissolução e liquidação, eleger e destituir liquidantes e julgar as suas contas;

IX – autorizar os administradores a confessar falência e a pedir recuperação judicial;

X – deliberar, quando se tratar de companhias abertas, sobre a celebração de transações com partes relacionadas, a alienação ou a contribuição para outra empresa de ativos, caso o valor da operação corresponda a mais de 50% (cinquenta por cento) do valor dos ativos totais da companhia constantes do último balanço aprovado.

Parágrafo único. Em caso de urgência, a confissão de falência ou o pedido de recuperação judicial poderá ser formulado pelos administradores, com a concordância do acionista controlador, se houver, hipótese em que a assembleia-geral será convocada imediatamente para deliberar sobre a matéria. (Brasil, 1976b)

A assembleia-geral pode ser ordinária ou extraordinária. A **ordinária** é realizada regularmente nos quatro primeiros meses após o término do exercício social, para tratar de assuntos de rotina previstos no art. 132 da Lei n. 6.404/1976, a saber:

I – tomar as contas dos administradores, examinar, discutir e votar as demonstrações financeiras;

II – deliberar sobre a destinação do lucro líquido do exercício e a distribuição de dividendos;

III – eleger os administradores e os membros do conselho fiscal, quando for o caso;

IV – aprovar a correção da expressão monetária do capital social (artigo 167). (Brasil, 1976b)

A **extraordinária** é convocada em caso de necessidade, para analisar, deliberar e votar situações de natureza diversa, que não possam ou não devam aguardar a assembleia-geral ordinária (por exemplo, reforma do estatuto social, nos termos do art. 135 da Lei das S.A.).

Negrão (2023a) alerta para a possibilidade de realização de assembleia-geral especial, para a deliberação sobre temas específicos e exclusivos referentes aos direitos de titulares: determinada classe de ação ordinária, na sociedade fechada; uma ou mais classes de ações preferenciais; debêntures; partes beneficiárias.

Encerrada a assembleia-geral, propostas, dissidências e protestos, bem como decisões tomadas, devem constar de forma resumida em ata, a ser assinada pelos acionistas presentes e pelos membros da mesa, nos termos do art. 130 da Lei das S.A..

Como vimos, cabem à assembleia-geral de acionistas as decisões mais importantes da companhia, inclusive eleição e destituição dos administradores e dos fiscais.

A administração da sociedade anônima compete ao conselho de administração e à diretoria; a fiscalização, ao conselho fiscal. Abordaremos esses órgãos a seguir.

Conselho de administração

O conselho de administração é um órgão administrativo da sociedade por ações, regulamentado entre os arts. 138 e 142 da Lei das S.A.

Trata-se de um órgão de deliberação colegiada, de existência obrigatória nas companhias abertas, de capital autorizado e de economia mista (parágrafo 2º do art. 138 e art. 239 da Lei das S.A.), composto por no mínimo três membros, eleitos pela assembleia-geral de acionistas e por ela destituíveis a qualquer tempo.

De acordo com o art. 140 da Lei das S.A., o estatuto pode definir critérios objetivos para a composição do conselho de administração:

> I – o número de conselheiros, ou o máximo e mínimo permitidos, e o processo de escolha e substituição do presidente do conselho pela assembleia ou pelo próprio conselho;
>
> II – o modo de substituição dos conselheiros;
>
> III – o prazo de gestão, que não poderá ser superior a 3 (três) anos, permitida a reeleição;
>
> IV – as normas sobre convocação, instalação e funcionamento do conselho, que deliberará por maioria de votos, podendo o estatuto estabelecer quórum qualificado para certas deliberações, desde que especifique as matérias.
>
> § 1º O estatuto poderá prever a participação no conselho de representantes dos empregados, escolhidos pelo voto destes, em eleição direta, organizada pela empresa, em conjunto com as entidades sindicais que os representam.

§ 2º Na composição do conselho de administração das companhias abertas, é obrigatória a participação de conselheiros independentes, nos termos e nos prazos definidos pela Comissão de Valores Mobiliários. (Brasil, 1976b)

O conselho de administração não é formado exclusivamente por acionistas da companhia. O art. 140, parágrafo 1º, da referida lei autoriza a presença de representantes dos funcionários, escolhidos por estes em votação. O respectivo parágrafo 2º impõe a participação de conselheiros independentes, nos termos definidos pela CVM.

Competem ao conselho de administração as seguintes funções, previstas no art. 142 da Lei das S.A.:

> I – fixar a orientação geral dos negócios da companhia;
>
> II – eleger e destituir os diretores da companhia e fixar-lhes as atribuições, observado o que a respeito dispuser o estatuto;
>
> III – fiscalizar a gestão dos diretores, examinar, a qualquer tempo, os livros e papéis da companhia, solicitar informações sobre contratos celebrados ou em via de celebração, e quaisquer outros atos;
>
> IV – convocar a assembleia-geral quando julgar conveniente, ou no caso do artigo 132;
>
> V – manifestar-se sobre o relatório da administração e as contas da diretoria;
>
> VI – manifestar-se previamente sobre atos ou contratos, quando o estatuto assim o exigir;

VII – deliberar, quando autorizado pelo estatuto, sobre a emissão de ações ou de bônus de subscrição;

VIII – autorizar, se o estatuto não dispuser em contrário, a alienação de bens do ativo não circulante, a constituição de ônus reais e a prestação de garantias a obrigações de terceiros;

IX – escolher e destituir os auditores independentes, se houver.

§ 1º Serão arquivadas no registro do comércio e publicadas as atas das reuniões do conselho de administração que contiverem deliberação destinada a produzir efeitos perante terceiros.

§ 2º A escolha e a destituição do auditor independente ficará sujeita a veto, devidamente fundamentado, dos conselheiros eleitos na forma do art. 141, § 4º, se houver. (Brasil, 1976b)

O conselho de administração é vocacionado a tomar decisões relevantes pertinentes à gestão dos negócios. Dada a sua importância estratégica, atribuições e poderes não podem ser transferidos para outros órgãos da companhia, conforme impõe o art. 139 da Lei das S.A.

Diretoria

Vimos que compete à assembleia-geral de acionistas alterar o estatuto social, analisar as demonstrações financeiras e nomear e destituir administradores e fiscais da companhia.

Também observamos que o conselho de administração é um órgão administrativo colegiado obrigatório nas companhias abertas, de capital autorizado e economia mista, ao qual compete dar a orientação geral aos negócios da companhia, seguindo as diretrizes estabelecidas no estatuto social.

Cabe ao conselho de administração eleger uma diretoria, que será responsável por representar administrativa e judicialmente a companhia, além de praticar rotineiramente os atos necessários ao seu regular funcionamento.

Portanto, a diretoria é um órgão de natureza executiva, pois cumpre as ordens provenientes do conselho de administração e da assembleia-geral de acionistas, sempre em conformidade com os objetivos previstos no estatuto social.

O estatuto social pode definir um número máximo de diretores, criando cargos específicos a serem desempenhados por eles. De acordo com o art. 143 da Lei das S.A., a diretoria deve ser composta por um ou mais membros eleitos, os quais podem ser destituídos a qualquer tempo pelo conselho de administração ou pela assembleia-geral, se o conselho não existir. O estatuto social estabelece:

> I – o número de diretores, ou o máximo e o mínimo permitidos;
>
> II – o modo de sua substituição;
>
> III – o prazo de gestão, que não será superior a 3 (três) anos, permitida a reeleição;
>
> IV – as atribuições e poderes de cada diretor.
>
> § 1º Os membros do conselho de administração, até o máximo de 1/3 (um terço), poderão ser eleitos para cargos de diretores.
>
> § 2º O estatuto pode estabelecer que determinadas decisões, de competência dos diretores, sejam tomadas em reunião da diretoria. (Brasil, 1976b)

Por exemplo, a Petrobras (2024a) tem uma diretoria com a seguinte composição:
- diretor executivo de Engenharia, Tecnologia e Inovação;
- diretor executivo de Assuntos Corporativos;
- diretor executivo de Logística, Comercialização e Mercados;
- diretor executivo de Exploração e Produção;
- diretor executivo de Governança e Conformidade;
- diretor executivo de Transição Energética e Sustentabilidade;
- diretor executivo de Finanças e de Relacionamento com Investidores;
- diretor executivo de Processos Industriais e Produtos.

Esse quadro diretivo atende às complexas demandas de uma empresa de grande porte como a Petrobras. Naturalmente, é necessário que a diretoria se ocupe de funções essenciais, como o setor financeiro e assuntos corporativos. No entanto, para além destes, cada companhia deve criar cargos específicos na diretoria conforme especificidades e necessidades pontuais. Duas áreas importantíssimas merecem uma especial atenção, independentemente do porte da companhia: governança e conformidade; e sustentabilidade.

No cumprimento de sua função social, as sociedades empresárias devem adotar boas práticas de governança e conformidade, assumindo elevados padrões éticos e de integridade, evitando práticas anticoncorrenciais e fraudes, estabelecendo políticas anticorrupção e mantendo-se afastadas de atividades ilegais, inclusive cumprindo e fazendo cumprir a Lei Anticorrupção (Lei

n. 12.846, de 1º de agosto de 2013). Tanto a legislação quanto as novas demandas de um mercado consumidor cada vez mais exigente e consciente requerem a adoção de boas práticas voltadas à promoção do desenvolvimento socioambientalmente sustentável (Araujo; Vetorazzi, 2010).

Conforme prevê o art. 144 da Lei das S.A., os diretores podem, respeitados os limites de atribuições e poderes, indicar representantes para atuar em nome da companhia, especificando, no instrumento procuratório, atos ou operações que os representantes podem praticar e a duração do mandato – no caso de mandato judicial, pode ser por prazo indeterminado.

No exercício da função, os diretores devem atuar em conformidade com as diretrizes estabelecidas no estatuto social, sempre em observância aos deveres impostos entre os arts. 145 e 160 da Lei das S.A. Tais artigos, em essência, definem requisitos e impedimentos para a eleição (conduta ilibada, inexistência de impedimento legal ou de conflito de interesses) e deveres e responsabilidades perante a companhia, entre os quais destacamos:

- **dever de diligência**: ser responsável no exercício de suas funções;
- **dever de lealdade**: não se beneficiar ou a terceiros com informações privilegiadas da companhia à qual teve acesso (*insider trading*);
- **dever de informar**: agir com transparência, informando imediatamente qualquer deliberação da assembleia-geral ou dos órgãos de administração da companhia, ou fato relevante nos negócios capaz de influenciar os investidores sobre a decisão de comprar ou vender ações.

A prática do *insider trading* se constata quando uma pessoa vinculada à companhia se aproveita do acesso a informações privilegiadas para obter vantagens indevidas em negociação de valores mobiliários. Tal prática configura o crime previsto no art. 27-D da Lei n. 6.385, de 7 de dezembro de 1976:

> Art. 27-D. Utilizar informação relevante de que tenha conhecimento, ainda não divulgada ao mercado, que seja capaz de propiciar, para si ou para outrem, vantagem indevida, mediante negociação, em nome próprio ou de terceiros, de valores mobiliários:
>
> Pena – reclusão, de 1 (um) a 5 (cinco) anos, e multa de até 3 (três) vezes o montante da vantagem ilícita obtida em decorrência do crime.
>
> §1º Incorre na mesma pena quem repassa informação sigilosa relativa a fato relevante a que tenha tido acesso em razão de cargo ou posição que ocupe em emissor de valores mobiliários ou em razão de relação comercial, profissional ou de confiança com o emissor.
>
> § 2º A pena é aumentada em 1/3 (um terço) se o agente comete o crime previsto no caput deste artigo valendo-se de informação relevante de que tenha conhecimento e da qual deva manter sigilo. (Brasil, 1976a)

Exige-se o cumprimento de tais deveres pelos administradores, pois investidores e mercado de capitais necessitam que a gestão de companhias abertas seja realizada com eficiência, responsabilidade, transparência, boa-fé e em estrita observância ao estatuto social, à legislação e às boas práticas de integridade corporativa.

Em caso de falha no cumprimento desses deveres e tendo agido o diretor com culpa ou dolo, a companhia assume eventuais prejuízos, inclusive perante terceiros, podendo demandar juridicamente o administrador pelos danos causados, em ação de responsabilidade. A ação de responsabilidade pode ser proposta em assembleia-geral. Caso a assembleia opte por não propor a ação, a demanda pode ser proposta por acionistas que representem ao menos 5% do capital social.

Restando provado que foram praticados atos regulares, de mera gestão, sem a prática de condutas ilícitas, e que os prejuízos tenham sido decorrentes de fatores inerentes ao mercado (variação cambial, obsolescência, concorrência etc.), o diretor não pode ser juridicamente responsabilizado pelos prejuízos, pois o administrador não é pessoalmente responsável pelas obrigações assumidas em nome da sociedade, conforme prevê o art. 158 da Lei das S.A.

Conselho fiscal

Previsto e regulamentado entre os arts. 161 e 165-A da Lei das S.A., o conselho fiscal é um órgão de existência obrigatória nas sociedades anônimas, composto por no mínimo três e no máximo cinco membros, com formação universitária ou com experiência mínima de três anos na função de administrador de empresa ou conselheiro fiscal, acionistas ou não, eleitos pela assembleia-geral.

Entre as tarefas que competem ao conselho fiscal, destacamos:

- fiscalizar os atos dos administradores, verificando o regular cumprimento dos deveres legais e estatutários;
- examinar e elaborar parecer sobre relatórios administrativos, inclusive sobre questões financeiras, patrimoniais ou propostas relativas a operações de transformação ou reorganização societária da companhia (mais adiante, aprofundaremos o estudo dessas operações);
- denunciar aos órgãos de administração ou, em caso de omissão do conselho de administração, à assembleia-geral erros, fraudes ou crimes que descobrir, sugerindo providências;
- analisar e opinar sobre as demonstrações financeiras elaboradas periodicamente pela companhia.

Apesar de sua existência ser obrigatória, como regra geral, o funcionamento do conselho fiscal pode ser permanente ou eventual, a critério dos acionistas e conforme definido no estatuto social.

Entretanto, há **exceções à regra geral**, nas quais o conselho fiscal deve ser permanente:

- nas sociedades de economia mista, conforme impõe o art. 240[13] da Lei das S.A.;
- na sociedade anônima do futebol, segundo o art. 5º da Lei n. 14.193, de 6 de agosto de 2021 (posteriormente, analisaremos a sociedade anônima do futebol);
- durante a fase de recuperação judicial de companhia aberta, de acordo com o art. 48-A[14] da Lei n. 11.101, de 9 de fevereiro de 2005 (Lei de Falência).

Os membros do conselho fiscal têm os mesmos deveres dos administradores, previstos entre os arts. 153 e 156 da Lei das S.A., respondendo pelos danos resultantes de omissão no cumprimento de seus deveres e por atos praticados com culpa ou dolo, ou pelo descumprimento da lei ou violação do estatuto social, conforme determina o art. 165 da referida lei.

A companhia pode criar programas de auditoria interna ou contratar auditores externos independentes, que podem auxiliar o conselho fiscal no desempenho de suas funções. Nesse caso, os auditores devem conduzir suas atividades com cautela e diligência, de forma semelhante aos deveres dos administradores na

---

3 "Art. 240. O funcionamento do conselho fiscal será permanente nas companhias de economia mista; um dos seus membros, e respectivo suplente, será eleito pelas ações ordinárias minoritárias e outro pelas ações preferenciais, se houver" (Brasil, 1976b).

4 "Art. 48-A. Na recuperação judicial de companhia aberta, serão obrigatórios a formação e o funcionamento do conselho fiscal, nos termos da Lei n. 6.404, de 15 de dezembro de 1976, enquanto durar a fase da recuperação judicial, incluído o período de cumprimento das obrigações assumidas pelo plano de recuperação" (Brasil, 2005).

condução dos negócios sociais, respondendo pelos danos causados por omissão e pelos atos praticados com culpa ou dolo, ou com violação da lei ou do estatuto.

Embora tenham atuações e propósitos distintos, auditores e conselho fiscal se complementam, pois objetivam igualmente a adequada observância do estatuto e da legislação aplicável à companhia, além do cumprimento das boas práticas de governança corporativa, prevenindo desvios de conduta e práticas ilícitas, notadamente aquelas que podem causar prejuízos aos acionistas, ao mercado acionário e à administração pública, em especial quando a companhia realizar negócios com órgãos públicos, como prevê a Lei Anticorrupção.

A responsabilidade dos membros do conselho fiscal por omissão no cumprimento de seus deveres é solidária, porém o membro dissidente afasta sua responsabilidade se registrar sua divergência em ata da reunião do órgão e comunicá-la aos órgãos da administração e à assembleia-geral, conforme autoriza o parágrafo 3º do art. 165 da Lei das S.A.

Para viabilizar o exercício regular das atividades do conselho fiscal, o art. 163 da referida lei assegura uma série de prerrogativas. Os conselheiros fiscais podem assistir às reuniões do conselho de administração, se houver, ou da diretoria em que sejam deliberados assuntos sobre os quais tenham o dever legal de opinar.

Além disso, o conselho fiscal deve ter acesso a atas de reuniões dos órgãos de administração, balancetes e demais demonstrações financeiras elaboradas periodicamente, bem como aos relatórios de execução de orçamentos, quando houver.

O conselho fiscal também pode solicitar aos órgãos de administração esclarecimentos ou informações relativas à sua função fiscalizadora, assim como a elaboração de demonstrações financeiras ou contábeis especiais, segundo autoriza o art. 163, inciso VIII, parágrafo 2º, da Lei das S.A.

Coelho (2011a) destaca que o papel do conselho fiscal está limitado à análise da regularidade e legalidade das ações da administração, não lhe cabendo interferir nas decisões da diretoria ou do conselho de administração relativas à regular gestão do negócio, seguindo critérios de oportunidade e conveniência dos negócios realizados ou a realizar. O autor sustenta que, havendo alguma irregularidade ou ilegalidade, a atuação do conselho fiscal deve ser sempre **interna**, reportando-se exclusivamente aos órgãos administrativos da companhia e, em último caso, à assembleia-geral de acionistas, nos termos do art. 163, inciso IV, da Lei das S.A.

— 4.6.7 —
Elaboração e divulgação de demonstrações financeiras

O exercício social corresponde a um determinado período predefinido, com base no qual será analisado o resultado econômico e financeiro da atividade empresarial, inclusive para aferição do resultado do fim social da companhia.

Como demonstramos anteriormente, o exercício social dura um ano, segundo determina o art. 175 da Lei das S.A., e pode se iniciar em qualquer dia e mês do ano, desde que observada a duração de 12 meses.

Dentro do exercício social, podem ser levantados **balanços semestrais** para apresentar informações financeiras atualizadas com maior periodicidade aos investidores e aos gestores, viabilizando eventuais mudanças nas decisões que dizem respeito à condução dos negócios (política de investimentos, ações de *marketing*, verificação de resultados, desenvolvimento de novos produtos ou serviços, recrutamento de novos colaboradores, expansão ou redução de oferta, avaliações internas etc.). Desse modo, é possível prestar informações financeiras precisas ao mercado e aos acionistas, as quais são imprescindíveis para avaliar as perspectivas de crescimento da empresa, bem como a expectativa de lucro e o pagamento de dividendos.

Portanto, ao final de cada exercício social, a diretoria da companhia tem o dever legal de prestar contas de sua gestão, elaborando e apresentando as demonstrações financeiras descritas no art. 176 da Lei das S.A. e expondo, com transparência, a situação patrimonial da empresa, bem como as mudanças ocorridas durante o exercício social, sempre com base na escrituração mercantil.

Para tanto, a diretoria deve apresentar os seguintes documentos:

a. balanço patrimonial;
b. demonstração dos lucros ou prejuízos acumulados;
c. demonstração do resultado do exercício;

d. demonstração dos fluxos de caixa;
e. demonstração do valor adicionado, se companhia aberta.

Para facilitar a interpretação dos resultados, as demonstrações financeiras de cada exercício devem ser publicadas fazendo referência às demonstrações do exercício anterior, a fim de viabilizar uma comparação direta dos resultados. Além disso, conforme prevê o parágrafo 3º do art. 176 da Lei das S.A., "As demonstrações financeiras registrarão a destinação dos lucros segundo a proposta dos órgãos da administração, no pressuposto de sua aprovação pela assembleia-geral" (Brasil, 1976b).

Dada a necessidade de as demonstrações financeiras, além de exatas e precisas conforme as normas contábeis, serem transparentes aos olhos de quem as interpreta (acionista, Estado, investidor, credor ou qualquer outro *stakeholder*), o parágrafo 4º do art. 176 da Lei das S.A. prevê: "As demonstrações serão complementadas por notas explicativas e outros quadros analíticos ou demonstrações contábeis necessários para esclarecimento da situação patrimonial e dos resultados do exercício" (Brasil, 1976b).

As **notas explicativas**, portanto, são imprescindíveis para promover uma adequada compreensão das demonstrações, e sua apresentação deve seguir os requisitos legais previstos no parágrafo 5º do art. 176 da Lei das S.A.:

> § 5º As notas explicativas devem:
>
> I – apresentar informações sobre a base de preparação das demonstrações financeiras e das práticas contábeis específicas selecionadas e aplicadas para negócios e eventos significativos;

II – divulgar as informações exigidas pelas práticas contábeis adotadas no Brasil que não estejam apresentadas em nenhuma outra parte das demonstrações financeiras;

III – fornecer informações adicionais não indicadas nas próprias demonstrações financeiras e consideradas necessárias para uma apresentação adequada; e

IV – indicar:

a) os principais critérios de avaliação dos elementos patrimoniais, especialmente estoques, dos cálculos de depreciação, amortização e exaustão, de constituição de provisões para encargos ou riscos, e dos ajustes para atender a perdas prováveis na realização de elementos do ativo;

b) os investimentos em outras sociedades, quando relevantes (art. 247, parágrafo único);

c) o aumento de valor de elementos do ativo resultante de novas avaliações (art. 182, § 3º);

d) os ônus reais constituídos sobre elementos do ativo, as garantias prestadas a terceiros e outras responsabilidades eventuais ou contingentes;

e) a taxa de juros, as datas de vencimento e as garantias das obrigações a longo prazo;

f) o número, espécies e classes das ações do capital social;

g) as opções de compra de ações outorgadas e exercidas no exercício;

h) os ajustes de exercícios anteriores (art. 186, § 1º); e

i) os eventos subsequentes à data de encerramento do exercício que tenham, ou possam vir a ter, efeito relevante sobre a situação financeira e os resultados futuros da companhia. (Brasil, 1976b)

Podemos afirmar que a Lei das S.A. é bastante exigente na apresentação das demonstrações financeiras e respectivas notas explicativas. Em nosso entendimento, não poderia ser diferente, pois tais demonstrações, elaboradas sob o rigor técnico das normas contábeis e com base na realidade, sem distorções, fraudes, "maquiagens", "contabilidade criativa" ou qualquer outro expediente ilícito e fraudulento, permitem retratar a real situação econômico-financeira da sociedade anônima, para a adequada informação e orientação de seus órgãos internos. Desse modo, acionistas, credores e eventuais interessados na empresa podem tomar decisões com segurança.

Para tanto, o cenário financeiro e patrimonial real da empresa pode ser ilustrado por meio de tabelas, gráficos, quadros, vídeos e demais ferramentas tecnológicas que viabilizem, de forma clara, didática, transparente e elucidativa, uma perfeita compreensão das informações expostas.

O regime jurídico diferenciado aplicado às sociedades anônimas visa conferir a segurança possível para encorajar e fortalecer o mercado acionário, incentivando a população a investir em companhias e, em última análise, promovendo o desenvolvimento econômico do Brasil.

— 4.6.8 —
Sociedade anônima do futebol (SAF)

Segundo Marlon Tomazette (2023), historicamente os clubes de futebol profissional brasileiros se organizaram sob a forma de associações, ou seja, pessoas jurídicas que não tinham como objetivo principal a busca por resultado econômico. Conforme o autor, os clubes de futebol estrangeiros tiveram a mesma organização inicial. Entretanto, como o futebol profissional passou a movimentar cada vez mais recursos financeiros e a constituir um negócio rentável, gerando cada vez mais lucro (em alguns casos, grandes superávits financeiros), vários clubes de futebol europeus passaram a atrair o interesse de investidores, como o Liverpool e o Manchester United, entre outros.

Nesse contexto, tradicionais clubes de futebol brasileiros iniciaram um processo de estruturação e profissionalização da gestão, com contratos com patrocinadores, negociação de atletas, comercialização de transmissão de jogos, exploração de propriedade intelectual, entre outras possibilidades.

Assim, a sociedade anônima do futebol (SAF) foi criada por meio da Lei n. 14.193, de 6 de agosto de 2021, para fixar normas de constituição, governança, controle e transparência, meios de financiamento, tratamento dos passivos das entidades e regime tributário específico.

A SAF está regulamentada fundamentalmente na Lei n. 14.193/2021 e, em caráter complementar, na Lei n. 6.404/1976 (Lei das S.A.) e na Lei n. 9.615/1998 (Lei Pelé).

Em essência, a criação da SAF objetiva viabilizar a captação de recursos para entidades que desenvolvam atividades relativas ao futebol em nível profissional e competitivo, masculino e feminino, valendo-se da empresarialidade e adotando ferramentas societárias tradicionalmente relacionadas às sociedades anônimas.

Vejamos o que estabelece a Lei n. 14.193/2021 sobre o objeto social da SAF:

> Art. 1º [...]
>
> [...]
>
> § 2º O objeto social da Sociedade Anônima do Futebol poderá compreender as seguintes atividades:
>
> I – o fomento e o desenvolvimento de atividades relacionadas com a prática do futebol, obrigatoriamente nas suas modalidades feminino e masculino;
>
> II – a formação de atleta profissional de futebol, nas modalidades feminino e masculino, e a obtenção de receitas decorrentes da transação dos seus direitos desportivos;
>
> III – a exploração, sob qualquer forma, dos direitos de propriedade intelectual de sua titularidade ou dos quais seja cessionária, incluídos os cedidos pelo clube ou pessoa jurídica original que a constituiu;
>
> IV – a exploração de direitos de propriedade intelectual de terceiros, relacionados ao futebol;
>
> V – a exploração econômica de ativos, inclusive imobiliários, sobre os quais detenha direitos;

VI – quaisquer outras atividades conexas ao futebol e ao patrimônio da Sociedade Anônima do Futebol, incluída a organização de espetáculos esportivos, sociais ou culturais;

VII – a participação em outra sociedade, como sócio ou acionista, no território nacional, cujo objeto seja uma ou mais das atividades mencionadas nos incisos deste parágrafo, com exceção do inciso II. (Brasil, 2021a)

A SAF pode ser constituída por iniciativa de pessoa física, jurídica ou fundo de investimento, ou ser fruto da transformação de um clube de futebol ou pessoa jurídica original que teve patrimônio, administração e relações contratuais relacionados à atividade futebolística, inclusive os contratos com atletas, transferidos para a SAF.

Existe a possibilidade de a SAF ser constituída pela divisão do departamento de futebol do clube ou pessoa jurídica original. De acordo com Tomazette (2023), existem, assim, duas pessoas jurídicas distintas: o clube original, sem o departamento de futebol registrado no cartório, e a SAF, focada apenas no futebol. Para o autor, trata-se de mecanismo interessante para clubes com outros departamentos esportivos e recreativos (natação, ginástica, basquete, voleibol etc.). Nesse caso, o clube pode manter um departamento de futebol, mas não pode participar de competições profissionais direta ou indiretamente.

Independentemente da forma de constituição da SAF, necessariamente ela deve ser registrada perante a junta comercial, tal como ocorre na constituição das sociedades anônimas.

Tomazette (2023) destaca que, como regra geral, qualquer pessoa física ou jurídica, brasileira ou estrangeira, pode ser acionista da SAF. Como tal, terá acesso aos direitos e prerrogativas previstos na Lei das S.A., em especial: participação nos lucros e no acervo social da SAF, direito de fiscalizar as decisões tomadas pelos órgãos sociais, direitos de preferência e retirada e, a depender do tipo de ação e do estatuto, direito de participar das deliberações sociais pelo exercício do direito ao voto.

Não pode ser acionista da SAF o acionista controlador ou integrante do grupo de controle de outra SAF (Tomazette, 2023).

Uma SAF pode ter a participação de inúmeros investidores e acionistas. Contudo, como regra geral, especialmente pequenos acionistas acabam por não participar de contratos e negociações da gestão rotineira dos negócios.

Nesse sentido, torna-se necessária a adoção de regras de governança corporativa, tal como ocorre nas sociedades anônimas, para viabilizar uma gestão profissional, eficiente e transparente aos olhos tanto do acionista quanto do mercado, inclusive para evitar fraudes e manipulações nas atividades desportivas e conflitos de interesse na administração, mantendo a regularidade, a credibilidade e a estabilidade da SAF.

Tendo isso em vista, o art. 4º da Lei n. 14.193/2021 impede que o acionista controlador da SAF, individual ou integrante de acordo de controle, participe, direta ou indireta, de outra SAF. Por sua vez, o art. 5º da referida lei estabelece como órgãos obrigatórios e permanentes na SAF o conselho de administração e o conselho fiscal, com regras restritivas para integrar esses órgãos, a fim de assegurar a necessária neutralidade nas decisões administrativas e fiscais.

O conselho de administração é auxiliado pela diretoria, que pode contar com um ou mais diretores, profissionais qualificados com regime de dedicação integral e exclusiva, para a execução de atos rotineiros de gestão (gestão de negócios, celebração de contratos, responsabilidade administrativa e jurídica, entre outras atribuições de nível gerencial). Outras atribuições dos órgãos permanentes e obrigatórios da SAF estão previstas na Lei das S.A., que analisamos anteriormente.

Dada a responsabilidade inerente aos cargos de membro do conselho de administração, conselheiro fiscal e diretor, o estatuto da SAF pode estabelecer critérios para a eleição de membros do conselho de administração, com cláusulas de impedimento para nomeação de determinadas pessoas para os respectivos cargos, objetivando evitar conflitos de interesse e prejuízo na condução dos negócios.

Considerando-se a importância da transparência na gestão da SAF aos olhos dos investidores, do mercado e dos demais *stakeholders*, os arts. 7º e 8º da Lei n. 14.193/2021 estabelecem:

> Art. 7º A Sociedade Anônima do Futebol que tiver receita bruta anual de até R$ 78.000.000,00 (setenta e oito milhões de reais) poderá realizar todas as publicações obrigatórias por lei de forma eletrônica, incluídas as convocações, atas e demonstrações financeiras, e deverá mantê-las, no próprio sítio eletrônico, durante o prazo de 10 (dez) anos.
>
> Art. 8º A Sociedade Anônima do Futebol manterá em seu sítio eletrônico:
>
> I – (VETADO);
>
> II – o estatuto social e as atas das assembleias gerais;
>
> III – a composição e a biografia dos membros do conselho de administração, do conselho fiscal e da diretoria; e
>
> IV – o relatório da administração sobre os negócios sociais, incluído o Programa de Desenvolvimento Educacional e Social, e os principais fatos administrativos.
>
> § 1º As informações listadas no caput deste artigo deverão ser atualizadas mensalmente.
>
> § 2º Os administradores da Sociedade Anônima do Futebol respondem pessoalmente pela inobservância do disposto neste artigo.
>
> § 3º O clube ou pessoa jurídica original que esteja em recuperação judicial, extrajudicial ou no Regime Centralizado de Execuções, a que se refere esta Lei, deverá manter em seu

sítio eletrônico relação ordenada de seus credores, atualizada mensalmente.

§ 4º Os administradores do clube ou pessoa jurídica original respondem pessoalmente pela inobservância do disposto no § 3º deste artigo. (Brasil, 2021a)

Trata-se de um conjunto de medidas voltadas a levar ao conhecimento público informações essenciais, atualizadas mensalmente, disponibilizadas diretamente no *site* da SAF. O objetivo é apontar as decisões tomadas, devidamente registradas em ata, identificar os gestores responsáveis pelas decisões e prestar informações financeiras e patrimoniais, inclusive na hipótese de recuperação judicial, extrajudicial ou regime centralizado de execuções, previsto no art. 14 e seguintes da referida lei.

Finalmente, a Lei n. 14.193/2021 prevê possibilidades para o financiamento da SAF, nos termos dos arts. 28 a 30.

Além das modalidades tradicionais de captação de recursos, inerentes a uma sociedade anônima, com os respectivos requisitos legais, como é o caso da capitalização por meio da subscrição de ações, vista anteriormente, no caso da SAF, o art. 26 da Lei n. 14.193/2021 autoriza a emissão de **debêntures-fut**, que apresenta as seguintes características:

> Art. 26. [...]
>
> I – remuneração por taxa de juros não inferior ao rendimento anualizado da caderneta de poupança, permitida a estipulação, cumulativa, de remuneração variável, vinculada ou

referenciada às atividades ou ativos da Sociedade Anônima do Futebol;

II – prazo igual ou superior a 2 (dois) anos;

III – vedação à recompra da debênture-fut pela Sociedade Anônima do Futebol ou por parte a ela relacionada e à liquidação antecipada por meio de resgate ou pré-pagamento, salvo na forma a ser regulamentada pela Comissão de Valores Mobiliários;

IV – pagamento periódico de rendimentos;

V – registro das debênture-fut em sistema de registro devidamente autorizado pelo Banco Central do Brasil ou pela Comissão de Valores Mobiliários, nas suas respectivas áreas de competência. (Brasil, 2021a)

Conforme estabelece o parágrafo 1º do art. 26 da referida lei e o estatuto social da SAF, os recursos provenientes de debêntures-fut devem ser alocados no desenvolvimento de atividades ou no pagamento de gastos, despesas ou dívidas relacionados às atividades típicas da sociedade.

Capítulo 5

Startups e Inova Simples

De acordo com Tarcisio Teixeira e Alan Moreira Lopes (2020), uma pessoa com elevada aptidão ao pioneirismo pode ser considerada empreendedora. Ao citarem o economista Joseph Schumpeter, esses autores descrevem o empreendedor como uma pessoa que quer trabalhar para si mesma, com habilidades típicas, tais como capacidade organizacional e de gerenciamento (Araujo, 2021). Ademais, o empreendedor oferta ao mercado novos produtos, métodos de produção e formas de organização, ou seja, maneiras inéditas de empreender com finalidade lucrativa, cujo pioneirismo poderá não alcançar os resultados pretendidos, daí a necessária aptidão para assumir os riscos envolvidos.

Para Teixeira e Lopes (2020), o empreendedorismo digital surge a partir do desenvolvimento de um modelo de negócio voltado à oferta de produto ou serviço por meio digital, para obter lucro (Araujo, 2021).

Tal modalidade normalmente se baseia na internet, permitindo que sua implementação seja viabilizada com um custo mais baixo, por demandar menos recursos humanos, materiais e investimentos se comparada ao empreendedorismo convencional (Araujo, 2021).

A internet tem favorecido o surgimento de negócios *on-line* que permitem a aquisição de produtos e serviços disponibilizados inclusive em aplicativos de celular, o que muito facilita a vida cotidiana. Podemos citar como exemplos: táxi (Uber e 99), hospedagem (Airbnb), bancos digitais (Nubank), serviços imobiliários (QuintoAndar), *marketplaces* (grupo B2W, que controla as marcas Submarino, Lojas Americanas e Shoptime), bibliotecas virtuais, assinaturas de jornais e revistas digitais. Tais serviços estão em franco crescimento e superam a concorrência tradicional, estabelecida fisicamente (Araujo, 2022).

São novos modelos de negócios em uma economia fortemente amparada (e dependente) das tecnologias de informação e comunicação (TICs).

Robert. D. Hof alertou em 22 de junho de 1998:

> Sem dúvida, a internet está conduzindo a uma era de mudanças que não deixará nenhum negócio ou indústria intocada. Em apenas três anos, a rede cresceu de um *playground* para *nerds* para um vasto centro de comunicações e comércio, em que cerca de 90 milhões de pessoas trocam informações ou fazem negócios ao redor do mundo. Imagine: o rádio levou mais de 30 anos para alcançar 60 milhões de pessoas e a televisão precisou de 15. Nunca uma tecnologia se espalhou tão rapidamente. (Hof, 1998, tradução nossa)

A economia do compartilhamento tem ganhado expressão e se tornado um símbolo de consumo consciente e sustentável, já que muitos bens de consumo são subutilizados, como é o caso dos carros particulares de passeio, que, na maior parte do dia, permanecem ociosos, estacionados e ocupando espaço. Não é por acaso que a Uber é um caso de sucesso, tendo em vista a diminuição do interesse dos jovens em comprar um automóvel, preferindo usar o dinheiro para usufruir experiências de vida, inclusive com turismo (Araujo, 2022).

Portanto, inúmeras startups estão aproximando pessoas com interesses e necessidades comuns, no intuito de promover o uso compartilhado, com economia financeira e comodidade, revolucionando a maneira como consumimos produtos e serviços.

— 5.1 —
Conceito e características das startups

De acordo com o art. 4º da Lei Complementar n. 182, de 1º de junho de 2021, que instituiu o marco legal das startups e do empreendedorismo inovador, startups são organizações empresariais recém-criadas ou em desenvolvimento que adotam modelos de negócios inovadores para a geração de produtos ou serviços, com faturamento de até 16 milhões de reais por ano e cuja inscrição no Cadastro Nacional de Pessoa Jurídica (CNPJ) tenha até 10 anos.

Sob uma perspectiva prática e realista, os objetivos de uma startup costumam ser audaciosos e com elevado fator de risco, dado que o sucesso proveniente da inovação é, como regra, conquistado após retumbantes e sucessivos fracassos. Ou seja, estatisticamente falando, é mais provável que uma startup não consiga êxito, ao menos nas primeiras tentativas, considerando-se o tamanho do desafio, a incerteza do sucesso e a complexidade de atingir a meta proposta. Dessa constatação nascem **três premissas**:

1. Startups se propõem a criar algo, "curar uma dor" do mercado, resolver um problema, criar um modelo de negócio lucrativo e/ou aumentar a eficiência de um processo produtivo prestando um serviço ou fornecendo um novo produto efetivamente útil às pessoas.
2. O êxito é consequência da persistência dos empreendedores, que devem aprender com as inúmeras tentativas malsucedidas, aperfeiçoando a ideia e o modelo de negócio até obter o resultado desejado.
3. Enquanto não obtêm êxito em seu propósito e não alcançam sustentabilidade econômico-financeira, dada a sua relevância para o desenvolvimento tecnológico, econômico e social no país, as startups precisam de investimentos e muito suporte, inclusive governamental.

Dificilmente os sócios de uma startup conseguem realizar todas as tarefas inerentes ao negócio, notadamente quando este começa a crescer e ganhar visibilidade e participação no mercado. Logo, já durante a sua fase inicial de crescimento, os sócios precisam de reforços para que ideias e projetos sejam executados.

Nem sempre convém chamar novos sócios, a não ser que o novo sócio traga recursos financeiros ou seja um profissional altamente qualificado e capaz de agregar valor e dar visibilidade ao negócio, uma vez que sua vinda apenas diluiria a participação societária dos demais sócios, com reflexos inclusive na participação nos lucros dos sócios fundadores.

Trabalhar em uma startup promissora pode ser o sonho de muitos empreendedores. Por outro lado, uma startup poderia valer-se desse entusiasmo para recrutar voluntários aptos a somar esforços à causa. Entretanto, tal ideia é absolutamente inviável, pois, no Brasil, o trabalho voluntário é disciplinado pela Lei n. 9.608, de 18 de fevereiro de 1998, que impõe restrições para essa modalidade de serviço. De acordo com o art. 1º da referida lei,

> Art. 1º Considera-se serviço voluntário, para os fins desta Lei, a atividade não remunerada prestada por pessoa física a entidade pública de qualquer natureza ou a **instituição privada de fins não lucrativos** que tenha objetivos cívicos, culturais, educacionais, científicos, recreativos ou de assistência à pessoa. (Redação dada pela Lei n. 13.297, de 2016) (Brasil, 1998a, grifo nosso)

Portanto, a utilização de mão de obra voluntária é inviável para uma startup, na qual, como regra geral, o lucro é uma meta, já que o sonho de toda startup é tornar-se unicórnio.

Startup unicórnio é uma expressão criada pela investidora-anjo estadunidense Aileen Lee para designar uma startup avaliada em pelo menos 1 bilhão de dólares em valor de mercado, algo extremamente raro, mas possível. No Brasil, destacam-se nessa condição: Nubank, 99, QuintoAndar, MadeiraMadeira, iFood, PagSeguro, Loggi, Ebanx, entre outras.

Dessa forma, a contratação de mão de obra torna-se inevitável. Nesse momento, há dois caminhos que podem ser seguidos: a contratação sem vínculo empregatício ou com vínculo empregatício. Vejamos as principais características de ambas as modalidades.

A **contratação sem vínculo empregatício** refere-se ao serviço prestado por profissionais liberais e autônomos sem que exista uma relação de emprego entre a startup e o profissional. É o caso de profissionais autônomos que prestam serviços por meio de uma empresa devidamente registrada e para diversas empresas. Eles têm autonomia para elaborar uma agenda de trabalho e os atendimentos, decidem as estratégias e a metodologia de trabalho e não têm relação de subordinação hierárquica com o tomador de serviço, trabalhando de maneira independente e comprometida com o resultado final, mediante celebração de contrato de prestação de serviços. Alguns exemplos são: advogados, contadores, corretores de seguro e representantes comerciais.

Por sua vez, a **contratação com vínculo empregatício** se caracteriza pela presença de pessoa física ou jurídica na qualidade de empregador e de pessoa física na qualidade de empregado, que presta serviços mediante pagamento de salário, obedecendo a ordens e cumprindo jornada de trabalho de maneira rotineira e permanente.

Considerando-se que a adoção do *home office*, em tempo integral ou parcial, é rotina de trabalho dos colaboradores que atuam em startups, é importante ressaltar que a Consolidação das Leis do Trabalho (CLT), estabelecida pelo Decreto-Lei n. 5.452, de 1º de maio de 1943, não faz distinção entre o trabalho realizado pelo colaborador na sede da startup e o trabalho eventualmente realizado no lar do empregado, conforme prevê seu art. 6º:

> Art. 6º Não se distingue entre o trabalho realizado no estabelecimento do empregador, o executado no domicílio do empregado e o realizado a distância, desde que estejam caracterizados os pressupostos da relação de emprego. (Redação dada pela Lei n. 12.551, de 2011)
>
> Parágrafo único. Os meios telemáticos e informatizados de comando, controle e supervisão se equiparam, para fins de subordinação jurídica, aos meios pessoais e diretos de comando, controle e supervisão do trabalho alheio. (Brasil, 1943)

Logo, não pode haver distinção, inclusive de natureza salarial, entre colaboradores que trabalham na sede da empresa e em *home office*, desde que jornadas de trabalho, atribuições e responsabilidades sejam equivalentes.

— 5.2 —
Marco legal das startups e do empreendedorismo inovador

Tendo em vista a importância das startups para o desenvolvimento de novos modelos de negócio baseados em inovação e tecnologia e a necessidade de promover o desenvolvimento econômico, o Poder Público tem o dever de fomentar iniciativas que apoiem as startups, reduzindo a burocracia necessária para sua contratação e gerando demanda para o setor.

Nesse sentido, a Lei Complementar n. 182/2021, que instituiu o marco legal das startups e do empreendedorismo inovador, propõe um regramento jurídico específico para o setor. O **marco legal das startups** foi criado para dar amparo jurídico e criar um ambiente de negócios favorável ao desenvolvimento desse modelo, criando segurança jurídica para investidores de risco e incentivando a contratação de startups pela administração pública para o fornecimento de produtos e serviços inovadores.

Nesse sentido, o Estatuto Nacional da Microempresa e da Empresa de Pequeno Porte (Lei do Simples Nacional – Lei Complementar n. 123, de 14 de dezembro de 2006) foi atualizado para contemplar e beneficiar as startups.

Uma medida de extrema relevância trazida pelo marco legal diz respeito à aproximação entre as startups e o setor público, por meio do incentivo à contratação de soluções inovadoras pelo Estado e do estabelecimento de critérios objetivos para a atuação das startups junto à administração pública. Tal medida visa resolver demandas públicas que exijam solução inovadora com o emprego de tecnologia, além de promover a inovação por meio do poder de compra do Estado, conforme descreve o art. 12 do marco legal das startups.

Ademais, o marco legal viabiliza que a administração pública contrate soluções inovadoras desenvolvidas ou em desenvolvimento, com ou sem risco tecnológico, por meio de licitação. A licitação a ser elaborada deve indicar o problema a ser resolvido e os resultados esperados pela administração pública, juntamente com os desafios tecnológicos a serem superados, dispensada a descrição de eventual solução técnica previamente mapeada. Cabe aos licitantes (startups) propor diferentes meios para a resolução do problema (Araujo, 2021).

Vejamos o que estabelece o marco legal:

> Art. 13. A administração pública poderá contratar pessoas físicas ou jurídicas, isoladamente ou em consórcio, para o teste de soluções inovadoras por elas desenvolvidas ou a ser desenvolvidas, com ou sem risco tecnológico, por meio de licitação na modalidade especial regida por esta Lei Complementar.
>
> [...]
>
> § 4º Os critérios para julgamento das propostas deverão considerar, sem prejuízo de outros definidos no edital:
>
> I – o potencial de resolução do problema pela solução proposta e, se for o caso, da provável economia para a administração pública;
>
> II – o grau de desenvolvimento da solução proposta;
>
> III – a viabilidade e a maturidade do modelo de negócio da solução;
>
> IV – a viabilidade econômica da proposta, considerados os recursos financeiros disponíveis para a celebração dos contratos; e

V – a demonstração comparativa de custo e benefício da proposta em relação às opções funcionalmente equivalentes. (Brasil, 2021b)

Depois de homologar o resultado da licitação, a administração pública celebra uma modalidade especial de contrato, o Contrato Público para Solução Inovadora (CPSI), cuja vigência é de 12 meses, podendo ser prorrogado por mais um período de até 12 meses (Araujo, 2021).

Segundo o parágrafo 1º do art. 14 do marco legal, o CPSI deve conter, entre outras cláusulas (Araújo, 2021):

> Art. 14. [...]
>
> [...]
>
> I – as metas a serem atingidas para que seja possível a validação do êxito da solução inovadora e a metodologia para a sua aferição;
>
> II – a forma e a periodicidade da entrega à administração pública de relatórios de andamento da execução contratual, que servirão de instrumento de monitoramento, e do relatório final a ser entregue pela contratada após a conclusão da última etapa ou meta do projeto;
>
> III – a matriz de riscos entre as partes, incluídos os riscos referentes a caso fortuito, força maior, risco tecnológico, fato do príncipe e álea econômica extraordinária;
>
> IV – a definição da titularidade dos direitos de propriedade intelectual das criações resultantes do CPSI; e

V – a participação nos resultados de sua exploração, assegurados às partes os direitos de exploração comercial, de licenciamento e de transferência da tecnologia de que são titulares. (Brasil, 2021b)

Nesse caso, o valor máximo que pode ser pago à startup é R$ 1,6 milhão (parágrafo 2º do art. 14 do marco legal). Quanto à remuneração da startup, cabe observar (Araujo, 2021):

Art. 14. [...]

[...]

§ 3º A remuneração da contratada deverá ser feita de acordo com um dos seguintes critérios:

I – preço fixo;

II – preço fixo mais remuneração variável de incentivo;

III – reembolso de custos sem remuneração adicional;

IV – reembolso de custos mais remuneração variável de incentivo; ou

V – reembolso de custos mais remuneração fixa de incentivo.

§ 4º Nas hipóteses em que houver risco tecnológico, os pagamentos serão efetuados proporcionalmente aos trabalhos executados, de acordo com o cronograma físico-financeiro aprovado, observado o critério de remuneração previsto contratualmente.

§ 5º Com exceção das remunerações variáveis de incentivo vinculadas ao cumprimento das metas contratuais, a administração pública deverá efetuar o pagamento conforme o critério adotado, ainda que os resultados almejados não sejam atingidos em decorrência do risco tecnológico, sem prejuízo da rescisão antecipada do contrato caso seja comprovada a inviabilidade técnica ou econômica da solução.

§ 6º Na hipótese de a execução do objeto ser dividida em etapas, o pagamento relativo a cada etapa poderá adotar critérios distintos de remuneração.

§ 7º Os pagamentos serão feitos após a execução dos trabalhos, e, a fim de garantir os meios financeiros para que a contratada implemente a etapa inicial do projeto, a administração pública deverá prever em edital o pagamento antecipado de uma parcela do preço anteriormente ao início da execução do objeto, mediante justificativa expressa.

§ 8º Na hipótese prevista no § 7º deste artigo, a administração pública certificar-se-á da execução da etapa inicial e, se houver inexecução injustificada, exigirá a devolução do valor antecipado ou efetuará as glosas necessárias nos pagamentos subsequentes, se houver. (Brasil, 2021b)

Encerrado o CPSI, a administração pública pode celebrar contrato com a mesma startup, sem ter que realizar nova licitação, contrato para o fornecimento do produto, do processo ou da solução resultante do CPSI, ou, se for o caso, para a integração da solução à infraestrutura tecnológica ou ao processo de trabalho da administração pública, conforme estabelece o art. 15 do marco legal das startups.

Nessa hipótese, o novo contrato de fornecimento deve ter vigência de 24 meses, podendo ser prorrogado por mais 24 meses, sem necessidade de um novo edital, como prevê o art. 15, parágrafo 2º, do marco legal das startups (Araujo, 2021).

— 5.3 —
Inova Simples

O Inova Simples é um regime especial simplificado, *on-line* e gratuito, criado pelo governo federal. É voltado às iniciativas empresariais de caráter incremental ou disruptivo que se autodeclarem como **empresas de inovação**, nos termos da Lei do Simples Nacional, para a geração de novos produtos ou serviços. Ou seja, compreende um tratamento diferenciado para a formalização jurídica do negócio.

Criado pela Lei Complementar n. 167, de 24 de abril de 2019, e regulamentado pela Resolução n. 55, de 23 de março de 2020, do Comitê para Gestão da Rede Nacional para a Simplificação do Registro e da Legalização de Empresas e Negócios (CGSIM), o Inova Simples pretende estimular a criação, a formalização, o desenvolvimento e a consolidação das atividades de empreendedores inovadores como agentes indutores de novas soluções, bem como promover a geração de emprego e renda no Brasil por meio do desenvolvimento tecnológico.

A referida lei complementar alterou a Lei do Simples Nacional ao estabelecer o art. 65-A:

> Art. 65-A. Fica criado o Inova Simples, regime especial simplificado que concede às iniciativas empresariais de caráter incremental ou disruptivo que se autodeclarem como empresas de inovação tratamento diferenciado com vistas a estimular sua

criação, formalização, desenvolvimento e consolidação como agentes indutores de avanços tecnológicos e da geração de emprego e renda. (Brasil, 2019b)

Ao adotar o regime especial do Inova Simples, a empresa deve abrir conta bancária em seu nome e adotar no nome empresarial a expressão *Inova Simples* (I.S.), conforme determina o inciso II do parágrafo 4º do art. 65-A da Lei do Simples Nacional.

A empresa pode ter **um ou mais integrantes**, sem limite máximo.

É importante destacar que esse regime especial **não admite qualquer transformação de natureza jurídica societária**. Ou seja, um empreendedor inscrito como microempreendedor individual (MEI) não pode solicitar a transformação do MEI em Inova Simples, assim como não pode integrar o Inova Simples enquanto mantiver a inscrição como MEI. Em ambas as hipóteses, o ingresso no Inova Simples depende de requerimento prévio de baixa como MEI perante a autoridade fiscal.

O mesmo raciocínio vale para qualquer tipo societário. O Inova Simples proíbe a inscrição de empreendimentos que já tenham registro empresarial e inscrição no CNPJ junto à Secretaria Especial da Receita Federal.

Não é exigido capital social mínimo. Entretanto, havendo indicação de capital, deve ser registrada a participação societária de cada integrante.

Para simplificar a abertura da empresa simples de inovação, o parágrafo 3º do art. 65 da Lei do Simples Nacional estabelece um rito sumário, de maneira simplificada e automática, em sítio eletrônico do governo federal, mediante preenchimento de formulário próprio. Portanto, a abertura da empresa simples de inovação não requer a realização de contrato social, tampouco o arquivamento de seus atos constitutivos em cartório de registro civil de pessoas jurídicas ou em junta comercial. Dessa forma, em virtude do regime especial simplificado, essa categoria não tem personalidade jurídica, devendo ser considerada uma sociedade em comum, nos termos do art. 986 do Código Civil.

A consequência da equiparação da empresa simples de inovação com uma sociedade em comum, sob o ponto de vista da responsabilidade patrimonial dos integrantes pelas obrigações sociais, é que **todos respondem solidária e ilimitadamente pelas obrigações contraídas**, valendo, nesse caso, o disposto no art. 990 do Código Civil: "Todos os sócios respondem solidária e ilimitadamente pelas obrigações sociais, excluído do benefício de ordem, previsto no art. 1.024, aquele que contratou pela sociedade" (Brasil, 2002).

O **valor máximo para a comercialização** de produtos ou serviços de empresa enquadrada no Inova Simples corresponde ao mesmo limite fixado para o MEI, conforme estabelece o parágrafo 10 do art. 65-A da Lei do Simples Nacional: "É permitida a comercialização experimental do serviço ou produto até o limite fixado para o MEI nesta Lei Complementar" (Brasil, 2006a).

Em 2024, ano da edição desta obra, o teto fixado para o MEI corresponde à receita bruta anual de até R$ 81 mil, nos termos do art. 18-A da Lei do Simples Nacional:

> Art. 18-A. O Microempreendedor Individual – MEI poderá optar pelo recolhimento dos impostos e contribuições abrangidos pelo Simples Nacional em valores fixos mensais, independentemente da receita bruta por ele auferida no mês, na forma prevista neste artigo.
>
> § 1º Para os efeitos desta Lei Complementar, considera-se MEI quem tenha auferido receita bruta, no ano-calendário anterior, de até R$ 81.000,00 (oitenta e um mil reais), que seja optante pelo Simples Nacional e que não esteja impedido de optar pela sistemática prevista neste artigo, e seja empresário individual que se enquadre na definição do art. 966 da Lei n. 10.406, de 10 de janeiro de 2002 (Código Civil) [...] (Brasil, 2006a)

Cabe ressaltar que, com o sucesso da empresa simples de inovação, certamente o valor da receita bruta anual será facilmente atingido. Nesse caso, a empresa pode requerer sua transformação em empresário individual ou sociedade empresária, passando a se sujeitar às regras inerentes ao tipo societário escolhido (contrato social, realização de demonstrações contábeis periódicas, regime de tributação convencional etc.).

O Inova Simples também possibilita à empresa inscrita que seus pedidos de patente ou registro de marca no Instituto Nacional da Propriedade Industrial (Inpi) sejam realizados em caráter prioritário, conforme prevê o parágrafo 8º do art. 65-A da Lei do Simples Nacional. Posteriormente, voltaremos a tratar da importância da proteção jurídica de ideias, conceitos e projetos relacionados ao empreendedorismo digital contra pirataria, violação de informações técnicas, concorrência desleal e outras práticas ilícitas.

— 5.4 —
Regime diferenciado de responsabilidade do investidor-anjo

A partir da vigência do marco legal das startups, estas passaram a poder receber investimentos de pessoas físicas ou jurídicas sem necessariamente conceder quotas de seu capital social, situação que tornaria o investidor um sócio da startup. Essa decisão depende da negociação a ser feita entre os sócios fundadores da startup e o investidor (art. 5º do marco legal). Os investidores são remunerados pelo investimento feito, nos termos do contrato celebrado com a startup, no prazo máximo de sete anos.

Não se tornando sócio, o investidor não tem poderes para administrar a startup, não tem direito a voto e, consequentemente, não tem qualquer responsabilidade por dívidas contratuais, trabalhistas ou tributárias caso o modelo de negócios não seja bem-sucedido, exceto se o investidor atuar com má-fé ou de maneira fraudulenta, conforme ressalta o art. 8º do marco legal das startups. Esse tipo de investidor é chamado de *investidor-anjo* pelo marco legal.

O investidor-anjo pode participar efetivamente das deliberações sociais das startups em caráter consultivo e pode exigir dos administradores relatórios detalhados de sua administração e, anualmente, o inventário, o balanço patrimonial e o balanço de resultado econômico, de acordo as regras da legislação contábil. Também pode examinar, a qualquer momento, os livros contábeis (escrituração contábil digital), os documentos e o estado do caixa e da carteira da sociedade, a não ser que o contrato firmado entre as partes estabeleça expressamente uma época específica para a devida prestação de contas, conforme prevê o art. 4º da Lei Complementar n. 123/2006.

— 5.5 —
Resultados financeiros e a remuneração dos sócios da startup

Definido o modelo de negócios, o tipo societário e o sócio ou os sócios que compõem o quadro societário, a startup pode atuar no mercado com a oferta de produtos ou serviços por meio de representantes legalmente credenciados, os quais responderão pelos compromissos e obrigações nas mais diversas áreas: comercial, tributária, fiscal, contratual, ambiental, cível, trabalhista, previdenciária, entre outras.

O início da startup geralmente conta com a força de trabalho dos sócios fundadores, visto que é um momento marcado pela captação de recursos e investimentos financeiros para viabilizar o modelo de negócios proposto. Em uma segunda etapa, pode ser feita a contratação de pessoas qualificadas para ajudar a transformar a ideia dos empreendedores fundadores em algo atrativo a ser ofertado e bem recebido pelo mercado.

Não há restrição jurídica para a jornada de trabalho dos sócios — na verdade, o sucesso da empreitada dependerá diretamente do nível de engajamento dos sócios. Suas atribuições e obrigações perante a empresa são definidas no contrato social e dizem respeito à divisão de tarefas e responsabilidades, não se sujeitando, portanto, às regras restritivas da legislação trabalhista. Assim, não há limites para a jornada de trabalho de um sócio ou mesmo o direito aos benefícios que a lei trabalhista assegura ao colaborador com vínculo empregatício.

Cabe ao sócio o direito a uma retirada mensal, equivalente a um salário, denominado *pró-labore*, e que corresponde à remuneração que o sócio deve receber pelo trabalho realizado ou pela simples condição de sócio, titular de quotas do capital social da empresa. O valor do pró-labore é definido pelos sócios e disposto no contrato social. Para tanto, deve-se considerar a quantidade de quotas de cada sócio (sócio investidor ou investidor-anjo).

No caso de **sócio administrador**, podem ser adotados critérios adicionais para definir o valor do pró-labore, pelo fato de representar ativa e passivamente a empresa, assumir obrigações em nome da sociedade, decidir sobre os negócios e prestar contas sobre os resultados de sua administração (balanço patrimonial e resultado econômico da sociedade, apresentados anualmente). Nesse caso, o pró-labore deve ser estabelecido conforme a competência e a reputação profissional, as responsabilidades assumidas, as tarefas desempenhadas e o tempo dedicado, constituindo-se em um percentual sobre o faturamento líquido mensal, entre outros critérios definidos pelos sócios, inclusive para aumentar ou diminuir o valor do pró-labore, contanto que não seja inferior a um salário mínimo.

Os sócios também podem fixar limites para a remuneração dos sócios, de modo a não colocar em risco as finanças, bem como definir os benefícios que a sociedade lhes prestará, em virtude de sua condição de sócios, pagando verbas e auxílios para despesas pessoais ou despesas realizadas em função da atividade prestada em favor da sociedade (auxílio combustível, alimentação etc.).

— 5.6 —
Compromisso de sigilo e confidencialidade

Para proteger juridicamente as ideias inovadoras, conceitos e projetos relacionados ao empreendedorismo digital contra a pirataria, a violação de informações técnicas, a concorrência desleal e outras práticas ilícitas, é fundamental que o empreendedor busque respaldo jurídico para prevenir problemas que possam colocar em risco tanto o desenvolvimento quanto a própria viabilidade econômica do produto ou serviço digital que pretende ofertar ao mercado.

Talvez uma das medidas mais relevantes para a proteção do empreendimento inovador, principalmente quando os sócios buscam investidores, seja a que envolve o compromisso de sigilo e o acordo de confidencialidade, notadamente quando a ideia ou projeto inovador a ser desenvolvido pela startup for seu grande diferencial, considerando-se a hipótese de que, se a ideia "vazar", o desenvolvimento e a inserção no mercado poderão ser totalmente prejudicados.

Portanto, as partes da sociedade, ao apresentarem o projeto para terceiros, devem assegurar que os envolvidos se comprometam a manter absoluto sigilo, formalizando um termo de confidencialidade. Caso o termo venha a ser descumprido, a parte infratora ficará sujeita à responsabilização jurídica, podendo ser condenada a indenizar as partes prejudicadas.

Nesse sentido, espera-se que as partes envolvidas ajam em todas as tratativas negociais sempre em estrita observância ao princípio da boa-fé, previsto no art. 422 do Código Civil.

Teixeira e Lopes (2020, p. 15) destacam a importância da

> proteção dos bens imateriais, ou simplesmente da propriedade intelectual, a qual inclui a tutela das marcas, patentes de invenção e de modelos de utilidade – aprimoramento da invenção - (Lei n. 9.279/96), direitos autorais e conexos (Lei n. 9.610/98), programas de computadores (Lei n. 9.609/98), entre outros.

Para os autores, no Brasil, as normas da propriedade intelectual não protegem as ideias em si. Somente podemos registrar uma marca ou obter patente de algo que efetivamente já tenha sido criado. Portanto, para proteger uma ideia, ela precisa ser transformada em uma invenção e ser devidamente patenteada. De acordo com a Lei n. 9.279, de 14 de maio de 1996 (Lei da Propriedade Industrial),

> Art. 8º É patenteável a invenção que atenda aos requisitos de novidade, atividade inventiva e aplicação industrial.
>
> Art. 9º É patenteável como modelo de utilidade o objeto de uso prático, ou parte deste, suscetível de aplicação industrial, que apresente nova forma ou disposição, envolvendo ato inventivo, que resulte em melhoria funcional no seu uso ou em sua fabricação.
>
> Art. 10. Não se considera invenção nem modelo de utilidade:
>
> I – descobertas, teorias científicas e métodos matemáticos;
>
> II – concepções puramente abstratas;
>
> III – esquemas, planos, princípios ou métodos comerciais, contábeis, financeiros, educativos, publicitários, de sorteio e de fiscalização;
>
> IV – as obras literárias, arquitetônicas, artísticas e científicas ou qualquer criação estética;
>
> V – programas de computador em si;
>
> VI – apresentação de informações;
>
> VII – regras de jogo;
>
> VIII – técnicas e métodos operatórios ou cirúrgicos, bem como métodos terapêuticos ou de diagnóstico, para aplicação no corpo humano ou animal; e

> IX - o todo ou parte de seres vivos naturais e materiais biológicos encontrados na natureza, ou ainda que dela isolados, inclusive o genoma ou germoplasma de qualquer ser vivo natural e os processos biológicos naturais. (Brasil, 1996)

Em se tratando de ideia relacionada à criação de *software*, Teixeira e Lopes (2020) fazem um importantíssimo alerta sobre a necessidade de celebrar um acordo de confidencialidade com o desenvolvedor, notadamente quando o *software* a ser criado represente a ideia-base do modelo de negócio a ser desenvolvido. É preciso, ainda, registrar tanto a marca quanto o *software* (ou aplicativo) no Inpi (Araujo, 2021).

É importante mencionar que nada impede que um profissional trabalhe para mais de uma *startup*, desde que haja compatibilidade dos horários convencionados com os respectivos empregadores, inexistindo qualquer vedação legal à pluralidade de empregos, que devem ser todos anotados na Carteira de Trabalho e Previdência Social (CTPS) (Araujo, 2021).

> Entretanto, é importante ressaltar que não se admite ato do empregado que caracterize concorrência com a empresa em que trabalha (art. 482, "c", da CLT), nem a comunicação de segredos da empresa (art. 482, "g", da CLT).
>
> É possível firmar no contrato de trabalho uma cláusula de exclusividade ou a própria forma de prestação dos serviços, que por si só (pela extensão de sua jornada e complexidade),

impossibilite a contratação por outro empregador (desde que se respeitem os limites previstos na legislação para a jornada de trabalho) (Araujo, 2021).

No contrato de trabalho, pode-se inserir uma cláusula de não concorrência e de confidencialidade, pela qual o empregado concorda em não trabalhar na concorrência durante determinado período após a rescisão do contrato de trabalho. Nesse período pós-rescisão, ele será devidamente remunerado mesmo sem prestar serviço ao ex-empregador (Araujo, 2021).

Para receber respaldo jurídico, o acordo de não concorrência e confidencialidade deve ser ajustado por escrito entre empregador e empregado, por um prazo não superior a dois anos, delimitando as atividades envolvidas no acordo de confidencialidade, o local em que a restrição se aplicará (local, regional, estadual, nacional ou internacional) e a forma de pagamento pelo "silêncio" do empregado durante o período (Araujo, 2021).

> Tais modalidades podem ser particularmente interessantes para a startup quando o funcionário for altamente qualificado e conhecer as estratégias comerciais da empresa, sendo prejudicial o compartilhamento imediato de informações com concorrentes diretos após o desligamento do funcionário, notadamente quando a startup trabalhar com tecnologias inovadoras, e que o grande capital corresponde a ideias e projetos com grande potencial econômico e o compartilhamento dessas informações possa causar desvantagens para o empregador (Araujo, 2021).

Capítulo 6

Dissolução e liquidação
das sociedades

Deve-se buscar garantir a preservação da atividade empresarial, visto que, quando a empresa cumpre sua função social, além trazer lucro aos sócios ou acionistas, a rigor, assegura também benefícios para a sociedade e a economia por meio da geração de emprego e renda.

Entretanto, nem sempre é possível preservar a existência da sociedade em virtude de uma série de fatores, que podem decorrer da lei, de ato do Poder Executivo ou da vontade dos sócios, resultando na dissolução total ou parcial da sociedade. Desse modo, há a quebra do vínculo entre os sócios, podendo acarretar a extinção da personalidade jurídica da sociedade, com a baixa do registro perante o órgão competente.

Gladston Mamede (2023) destaca a existência de dois direitos juridicamente protegidos sob a perspectiva do sócio: o direito de manter-se na sociedade e o direito de, querendo, retirar-se da sociedade. Quanto aos direitos da coletividade de sócios, há o direito à manutenção do vínculo societário, conforme os termos do contrato social, e o direito/dever de convivência harmônica entre os sócios (*affectio societatis*) para a realização do objeto e dos fins societários, notadamente a proteção dos interesses da sociedade e a busca pelo lucro.

Entre as possibilidades existentes que resultam na dissolução total ou parcial de uma sociedade, destacamos:

- extinção da *affectio societatis* nas sociedades contratuais, com exclusão de sócio;
- consenso unânime entre sócios para a dissolução da sociedade;

- deliberação da maioria absoluta dos sócios na sociedade por prazo indeterminado;
- vencimento do prazo de duração da sociedade, não sendo prorrogado tempestivamente;
- morte de sócio, quando a sociedade for constituída por apenas dois sócios, não sendo a sociedade reconstituída ou convertida em sociedade de um único sócio no prazo legal;
- extinção da autorização para funcionar;
- dissolução de sociedade empresária em virtude da declaração de falência.

Na **dissolução total**, hipótese que leva à liquidação do patrimônio social, há a verificação e realização obrigatória dos ativos (créditos) e o levantamento e pagamento dos passivos (dívidas). Ao final do processo, a personalidade jurídica da sociedade é extinta.

Na **dissolução parcial**, ou seja, com a saída de um ou mais sócios, permanecendo outros sócios preservando-se entre estes o vínculo contratual, ocorre a liquidação das quotas do sócio que está se desvinculando da sociedade. Nessa hipótese, a sociedade é preservada, tendo em vista a manutenção do vínculo societário entre os sócios remanescentes.

A seguir, analisaremos, essas modalidades de dissolução e, na sequência, a liquidação extrajudicial e judicial da sociedade.

— 6.1 —
Dissolução parcial da sociedade

Entre as hipóteses de dissolução parcial, destacamos inicialmente a possibilidade da saída de um sócio de uma sociedade contratual em virtude da natureza *intuitu personae*.

Da mesma forma que o art. 5º, inciso XVII, da Constituição Federal admite a liberdade de associação para fins lícitos, o inciso XX estabelece que uma pessoa não pode ser compelida a se associar ou a permanecer associada. Ou seja, o sócio pode desejar não mais integrar o quadro societário, razão pela qual a lei admite que se retire da sociedade, dado que a união é livre, assim como não é indissolúvel, devendo ser respeitados os princípios constitucionais da autonomia da vontade e da liberdade de associação, cumpridas as devidas formalidades.

Na **sociedade por prazo indeterminado**, o sócio que deseja retirar-se deve notificar os demais sobre sua intenção com antecedência mínima de 60 dias, nos termos da primeira parte do art. 1.029 do Código Civil[1]. Esse procedimento recebe o nome de **direito de recesso**, que pode ser exercido nos termos expressamente previstos no contrato social ou conforme a livre negociação entre os sócios, viabilizando a saída consensual. Essa é

---

1 "Art. 1.029. Além dos casos previstos na lei ou no contrato, qualquer sócio pode retirar-se da sociedade; se de prazo indeterminado, mediante notificação aos demais sócios, com antecedência mínima de sessenta dias; se de prazo determinado, provando judicialmente justa causa. Parágrafo único. Nos trinta dias subsequentes à notificação, podem os demais sócios optar pela dissolução da sociedade" (Brasil, 2002).

uma solução recomendada, inclusive, para preservar a sociedade dos custos e desgastes com conflitos judiciais entre os sócios. Além disso, o prazo de 60 dias para dar ciência da intenção viabiliza que os sócios que permanecerão na sociedade planejem ações e estratégias a serem implementadas diante da dissolução parcial, as quais podem ser:

- dissolução total da sociedade, com a liquidação dela;
- liquidação das quotas do sócio, com a apuração de haveres, mediante a realização de balanço patrimonial atualizado para a apuração do pagamento das quotas sociais do sócio retirante, que deve ser feito no prazo de 90 dias (parágrafo 2º do art. 1.031 do Código Civil[2]);
- redução do capital social da sociedade proporcional à redução do quadro societário e das respectivas quotas sociais do sócio retirante;
- substituição do sócio, com a realização de aporte patrimonial pelo sócio ingressante para a recomposição do capital social;
- suprimento do valor da quota do sócio retirante pelos sócios remanescentes
- (parágrafo 1º do art. 1.031 do Código Civil), preservando o patrimônio da sociedade e as respectivas atividades.

---

2 "Art. 1.031. Nos casos em que a sociedade se resolver em relação a um sócio, o valor da sua quota, considerada pelo montante efetivamente realizado, liquidar-se-á, salvo disposição contratual em contrário, com base na situação patrimonial da sociedade, à data da resolução, verificada em balanço especialmente levantado. § 1º O capital social sofrerá a correspondente redução, salvo se os demais sócios suprirem o valor da quota. § 2º A quota liquidada será paga em dinheiro, no prazo de noventa dias, a partir da liquidação, salvo acordo, ou estipulação contratual em contrário" (Brasil, 2002).

Na **sociedade por prazo determinado**, a retirada do sócio pode acontecer de maneira consensual entre os sócios ou por justa causa, hipótese na qual deve ser provado judicialmente o grave motivo que justifica a exclusão do sócio, nos termos da segunda parte do caput do art. 1.029 do Código Civil.

> A possibilidade de litígios judiciais entre sócios em detrimento do melhor interesse da sociedade nos remete a um provérbio africano perfeitamente aplicável ao direito societário: "Quando os elefantes brigam, quem sofre é a grama". Nesse contexto, a grama seria justamente a sociedade.

Se for impossível uma composição amigável, restará aos sócios o conflito, a ser dirimido pelo Poder Judiciário ou por arbitragem, na hipótese de o contrato social prever cláusula compromissória arbitral.

Se o sócio praticar atos graves que se tornem prejudiciais ou coloquem em risco os interesses ou a continuidade da sociedade por prazo indeterminado, atos previstos ou não no contrato social, poderá ser imediatamente excluído por justa causa pela maioria dos demais sócios, em ajuizamento de ação de dissolução de sociedade, conforme autoriza a primeira parte do caput do art. 1.030 do Código Civil[13]. Nesse caso, não é preciso notificar ou esperar o prazo de 60 dias, conforme alerta Mamede (2023), mas deve ser assegurado ao sócio que se pretende excluir o direito à ampla defesa e ao contraditório.

O sócio também poderá ser excluído quando deixar de cumprir com sua obrigação, na forma e no prazo previstos no contrato social, de integralizar o capital social subscrito, nos termos do art. 1.004 do Código Civil[14].

Outra modalidade de exclusão do sócio se dá na hipótese de incapacidade superveniente, demonstrada por ação judicial de interdição transitada em julgado, como autoriza a segunda parte do caput do art. 1.030 do Código Civil.

Mamede (2023) explica que o legislador cível utilizou a expressão *maioria entre os demais sócios* na redação dos arts. 1.004 e 1.030 do Código Civil, em vez de *maioria do capital social*. Isso significa que prevalece o interesse da maioria dos sócios,

---

3   "Art. 1.030. Ressalvado o disposto no art. 1.004 e seu parágrafo único, pode o sócio ser excluído judicialmente, mediante iniciativa da maioria dos demais sócios, por falta grave no cumprimento de suas obrigações, ou, ainda, por incapacidade superveniente. Parágrafo único. Será de pleno direito excluído da sociedade o sócio declarado falido, ou aquele cuja quota tenha sido liquidada nos termos do parágrafo único do art. 1.026" (Brasil, 2002).

4   "Art. 1.004. Os sócios são obrigados, na forma e prazo previstos, às contribuições estabelecidas no contrato social, e aquele que deixar de fazê-lo, nos trinta dias seguintes ao da notificação pela sociedade, responderá perante esta pelo dano emergente da mora. Parágrafo único. Verificada a mora, poderá a maioria dos demais sócios preferir, à indenização, a exclusão do sócio remisso, ou reduzir-lhe a quota ao montante já realizado, aplicando-se, em ambos os casos, o disposto no § 1º do art. 1.031" (Brasil, 2002).

> independentemente da quantidade de quotas sociais e do percentual relativo à participação societária, viabilizando, inclusive, providências de sócios minoritários em face de sócios majoritários.

É possível ainda a dissolução parcial da sociedade no caso de falecimento, com a negativa de herdeiros ou sucessores no quadro societário, nos termos do art. 1.028 do Código Civil[5]. Logo, não ocorrendo a sucessão das quotas sociais do sócio falecido por seu(s) herdeiro(s), tais quotas serão liquidadas, garantindo-se o devido pagamento ao(s) herdeiro(s).

Se o sócio tiver sua falência decretada, será excluído da sociedade, segundo Mamede (2023), independentemente de processo judicial, pois os bens do falido serão arrecadados para atender à execução de seus credores. Nesse caso, opera-se a exclusão de pleno direito, nos termos do parágrafo único do art. 1.030 do Código Civil, bem como, em consequência do processo de falência, a liquidação de quotas, prevista no art. 1.031 do Código Civil, a qual se dará perante o juízo de falência.

As quotas de sociedade correspondem a um bem penhorável do sócio que as possui, nos termos do art. 835, inciso IX, do Código de Processo Civil (Lei n. 13.105, de 16 de março de 2015).

---

5 "Art. 1.028. No caso de morte de sócio, liquidar-se-á sua quota, salvo: I – se o contrato dispuser diferentemente; II – se os sócios remanescentes optarem pela dissolução da sociedade; III – se, por acordo com os herdeiros, regular-se a substituição do sócio falecido" (Brasil, 2002).

Assim, sobre elas recai a possibilidade de servirem para garantir o pagamento de obrigações.

De acordo com o art. 835 do Código de Processo Civil, a penhora deve ocorrer, preferencialmente, nesta ordem:

> I – dinheiro, em espécie ou em depósito ou aplicação em instituição financeira;
>
> II – títulos da dívida pública da União, dos Estados e do Distrito Federal com cotação em mercado;
>
> III – títulos e valores mobiliários com cotação em mercado;
>
> IV – veículos de via terrestre;
>
> V – bens imóveis;
>
> VI – bens móveis em geral;
>
> VII – semoventes;
>
> VIII – navios e aeronaves;
>
> IX – ações e quotas de sociedades simples e empresárias;
>
> X – percentual do faturamento de empresa devedora;
>
> XI – pedras e metais preciosos;
>
> XII – direitos aquisitivos derivados de promessa de compra e venda e de alienação fiduciária em garantia;
>
> XIII – outros direitos. (Brasil, 2015)

Na ausência de outros bens penhoráveis com prioridade de penhora na execução, na ordem prevista nos incisos do art. 835 do Código de Processo Civil, a penhora das quotas pode incidir sobre a parte que cabe ao sócio devedor na participação dos lucros da sociedade, conforme autoriza o art. 1.026 do Código Civil[6].

Se o lucro for insuficiente para saldar a dívida, a penhora poderá recair sobre as próprias quotas sociais, o que, de acordo com Mamede (2023), resultará na extinção do contrato social em relação ao sócio devedor que teve suas quotas penhoradas e na liquidação das quotas para pagamento do exequente, nos termos do parágrafo único do art. 1.026 do Código Civil. Como derradeira possibilidade, poderá ocorrer o ingresso do credor adjudicante na sociedade, que assumirá as quotas do sócio devedor, mediante a concordância dos demais sócios.

Caso o valor a ser levantado com a liquidação da quota seja insuficiente para quitar a dívida, os bens sociais da sociedade poderão ser executados até atingir o valor necessário para a satisfação do crédito. Sem dúvida, tal possibilidade é extremamente gravosa para a sociedade, pois pode colocar em risco inclusive a continuação da empresa. Portanto, o sócio devedor deve buscar uma solução, preferencialmente consensual,

---

[6] "Art. 1.026. O credor particular de sócio pode, na insuficiência de outros bens do devedor, fazer recair a execução sobre o que a este couber nos lucros da sociedade, ou na parte que lhe tocar em liquidação. Parágrafo único. Se a sociedade não estiver dissolvida, pode o credor requerer a liquidação no mesmo parágrafo da quota do devedor, cujo valor, apurado na forma do art. 1.031, será depositado em dinheiro, no juízo da execução, até noventa dias após aquela liquidação" (Brasil, 2002).

que afaste da sociedade os efeitos nocivos das medidas judiciais executivas em busca da satisfação da dívida que lhe cabe em caráter pessoal.

Independentemente da causa da dissolução parcial, é necessário realizar a liquidação das quotas do sócio que será excluído, nos termos previstos no contrato social.

Caso o contrato social seja omisso, deve-se seguir o procedimento previsto no art. 1.031 do Código Civil, que reproduzimos novamente a seguir:

> Art. 1.031. Nos casos em que a sociedade se resolver em relação a um sócio, o valor da sua quota, considerada pelo montante efetivamente realizado, liquidar-se-á, salvo disposição contratual em contrário, com base na situação patrimonial da sociedade, à data da resolução, verificada em balanço especialmente levantado.
>
> § 1º O capital social sofrerá a correspondente redução, salvo se os demais sócios suprirem o valor da quota.
>
> § 2º A quota liquidada será paga em dinheiro, no prazo de noventa dias, a partir da liquidação, salvo acordo, ou estipulação contratual em contrário. (Brasil, 2002)

Nesta última hipótese, a liquidação da quota do sócio excluído deve ser apurada com base na análise atualizada do patrimônio da sociedade, por ocasião da saída do sócio, de modo a verificar seu real valor.

Caso os sócios não consigam chegar a um valor adequado consensualmente, para pôr fim à dissolução parcial mediante o pagamento da quota do sócio excluído, prevalecerá a solução prevista no contrato social. Esse documento pode prever formas e prazos específicos de pagamento das quotas societárias do sócio excluído, contanto que se observe o valor real da participação societária, a ser apurada por meio de balanço patrimonial específico para esse ato, conforme determina o art. 1.031 do Código Civil.

Havendo previsão expressa de cláusula compromissória arbitral no contrato social, eventuais conflitos entre sócios devem ser resolvidos por meio da arbitragem, que deve ser respeitada inclusive por sucessor de sócio falecido ou curador de sócio interditado.

Na inviabilidade de submeter o conflito à arbitragem, cabe ao Judiciário definir os valores, em ação judicial de dissolução parcial de sociedade, prevista entre os arts. 599 e 609 do Código de Processo Civil.

A seguir, analisaremos a possibilidade de dissolução total da sociedade.

— 6.2 —
Dissolução total da sociedade

Não sendo possível realizar a dissolução parcial da sociedade, preservando-a, ou **inexistindo interesse** em tal ato, os sócios podem decidir pela dissolução total, hipótese em que, após a devida liquidação, a sociedade é extinta.

A dissolução da sociedade está prevista entre os arts. 1.033 e 1.038 do Código Civil, e o próprio contrato social pode estabelecer hipóteses que levem à dissolução da sociedade. É o caso, por exemplo, das sociedades constituídas para a realização de um objetivo exclusivo, as quais têm um prazo ou condição específica para a sua existência; quando atingido esse prazo ou condição, a sociedade perde seu propósito, o que resulta na dissolução, conforme previamente planejado pelos sócios.

A sociedade também pode ser dissolvida ao perder a autorização de funcionamento por determinação legal ou administrativa, como prevê o inciso V do art. 1.033 do Código Civil[17]. É o caso dos jogos de bingo, inicialmente autorizados pelo art. 57 da Lei n. 8.672, de 6 de julho de 1993 (Lei Zico), e posteriormente pelo art. 59 da Lei n. 9.615, de 24 de março de 1998 (Lei Pelé).

Entretanto, após associações negativas entre casas de bingo e o crime organizado e com o impacto político da apresentação do Relatório Final da CPI dos Bingos (Brasil, 2006b), do Senado Federal, foi revogada a autorização para a abertura de casas de bingo a partir de 31 de dezembro de 2001, conforme o art. 2º da Lei n. 9.981, de 14 de julho de 2000 (Lei Maguito Vilela), devendo ser respeitadas as autorizações que estivessem em vigor até a data de sua expiração.

---

7 "Art. 1.033. Dissolve-se a sociedade quando ocorrer: I – o vencimento do prazo de duração, salvo se, vencido este e sem oposição de sócio, não entrar a sociedade em liquidação, caso em que se prorrogará por tempo indeterminado; II – o consenso unânime dos sócios; III – a deliberação dos sócios, por maioria absoluta, na sociedade de prazo indeterminado; IV – (Revogado pela Lei n. 14.195, de 2021) V – a extinção, na forma da lei, de autorização para funcionar" (Brasil, 2002).

A dissolução da sociedade ainda pode ocorrer por mera deliberação unânime da totalidade de sócios, como autoriza o inciso II do art. 1.033 do Código Civil.

Também pode ser dissolvida a sociedade cujo objeto social se torne ilícito. Imaginemos uma sociedade que cultive tabaco e que tal cultivo se torne, por determinação legal, proibido em território nacional. Haverá também a dissolução se o ato constitutivo (contrato social) for declarado nulo ou for anulado, nos termos do inciso I do art. 1.034 do Código Civil.

Ademais, a sociedade pode ser dissolvida quando o objetivo social se esgotar ou se tornar inexequível. É o caso, por exemplo, de uma sociedade constituída para explorar uma mina de ouro, mas que, após alguns anos, se esgotou, tornando-se completamente improdutiva. A inviabilidade de se continuar a atividade de mineração de ouro (objeto social) torna sem sentido a sociedade, com a consequente inviabilidade de obtenção de lucro a ser distribuído entre os sócios.

É possível verificar igualmente o esgotamento do objeto social quando a atividade realizada ou o produto ofertado se mostram incompatíveis com as demandas do mercado. Enquadram-se nessa situação as videolocadoras, que gradualmente foram encerrando suas atividades na década de 2010, após o surgimento das plataformas de *streaming* (Netflix, Disney+, Amazon Vídeo, entre outras), bem como as indústrias de máquinas de escrever e fac-símile (fax) diante da popularização dos computadores pessoais e das impressoras domésticas.

Finalmente, Mamede (2023) ressalta que as sociedades podem ser dissolvidas em virtude de estado de insolvência civil, falência e liquidação extrajudicial. O autor observa que, nesses casos, a dissolução se dá por meio de procedimentos específicos, como a Lei de Falência (Lei n. 11.101, de 9 de fevereiro de 2005).

— 6.3 —
Liquidação extrajudicial da sociedade

Concluída a dissolução da sociedade, uma etapa prévia obrigatória à extinção de sua personalidade jurídica é a liquidação de seu patrimônio, com a verificação dos ativos existentes em seu nome e a identificação e o respectivo pagamento dos passivos.

Ao se finalizar a liquidação, que pode ser extrajudicial ou judicial, a personalidade jurídica da sociedade é extinta.

No caso da liquidação extrajudicial, não constando no contrato social a nomeação de liquidante, os sócios devem deliberar a respeito de quem será nomeado liquidante, nos termos do art. 1.071, inciso VII, do Código Civil, situação em que pode ser designada uma pessoa que não integre o quadro societário.

Em se tratando de **sociedade limitada**, a deliberação pela nomeação do liquidante requer a aprovação do indicado pela maioria de votos dos presentes, nos termos do art. 1.076, inciso III, do Código Civil, a não ser que esteja prevista maioria mais elevada no contrato social ou por lei.

No caso de **sociedade simples, em nome coletivo** e **em comandita simples**, a referida deliberação de sócios exige aprovação por maioria absoluta, a não ser que o contrato exija a aprovação por todos os sócios, em deliberação por unanimidade, nos termos do art. 999 do Código Civil.

Nomeado o liquidante, este deve observar seus deveres, previstos no art. 1.103 do Código Civil:

> Art. 1.103. Constituem deveres do liquidante:
>
> I – averbar e publicar a ata, sentença ou instrumento de dissolução da sociedade;
>
> II – arrecadar os bens, livros e documentos da sociedade, onde quer que estejam;
>
> III – proceder, nos quinze dias seguintes ao da sua investidura e com a assistência, sempre que possível, dos administradores, à elaboração do inventário e do balanço geral do ativo e do passivo;
>
> IV – ultimar os negócios da sociedade, realizar o ativo, pagar o passivo e partilhar o remanescente entre os sócios ou acionistas;
>
> V – exigir dos quotistas, quando insuficiente o ativo à solução do passivo, a integralização de suas quotas e, se for o caso, as quantias necessárias, nos limites da responsabilidade de cada um e proporcionalmente à respectiva participação nas perdas, repartindo-se, entre os sócios solventes e na mesma proporção, o devido pelo insolvente;
>
> VI – convocar assembleia dos quotistas, cada seis meses, para apresentar relatório e balanço do estado da liquidação, prestando conta dos atos praticados durante o semestre, ou sempre que necessário;

VII – confessar a falência da sociedade e pedir concordata, de acordo com as formalidades prescritas para o tipo de sociedade liquidanda;

VIII – finda a liquidação, apresentar aos sócios o relatório da liquidação e as suas contas finais;

IX – averbar a ata da reunião ou da assembleia, ou o instrumento firmado pelos sócios, que considerar encerrada a liquidação.

Parágrafo único. Em todos os atos, documentos ou publicações, o liquidante empregará a firma ou denominação social sempre seguida da cláusula "em liquidação" e de sua assinatura individual, com a declaração de sua qualidade. (Brasil, 2002)

Compete ao liquidante representar a sociedade e praticar todos os atos necessários à sua liquidação, inclusive alienar bens móveis ou imóveis, transigir, receber e dar quitação, conforme previsto no art. 1.105 do Código Civil. Contudo, o parágrafo único do referido artigo ressalva que o liquidante deve estar previamente autorizado pelo contrato social ou pelo voto da maioria dos sócios para a realização de atos como gravar de ônus reais os móveis e imóveis da sociedade em liquidação ou realizar empréstimos. Tal autorização não será exigida somente quando for demonstrado que a realização de empréstimos é indispensável para fazer pagamentos inadiáveis.

Em todos os atos praticados e documentos e publicações assinados, o liquidante deve informar, após a denominação ou firma social, a expressão *em liquidação*, seguida de sua assinatura e sua qualificação de liquidante, nos termos do parágrafo único do art. 1.103 do Código Civil.

Sérgio Campinho (2023a) esclarece que a sociedade dissolvida permanece com personalidade jurídica até que a liquidação seja finalizada. Portanto, a dissolução marca apenas o fim das atividades normais. Como prevê o art. 1.104 do Código Civil, "As obrigações e a responsabilidade do liquidante regem-se pelos preceitos peculiares às dos administradores da sociedade liquidanda" (Brasil, 2002).

A referência do liquidante ao administrador da sociedade nos remete aos deveres e responsabilidades deste, previstos nos arts. 1.011 e 1.112 do Código Civil:

> Art. 1.011. O administrador da sociedade deverá ter, no exercício de suas funções, o cuidado e a diligência que todo homem ativo e probo costuma empregar na administração de seus próprios negócios.
>
> § 1º Não podem ser administradores, além das pessoas impedidas por lei especial, os condenados à pena que vede, ainda que temporariamente, o acesso a cargos públicos; ou por crime falimentar, de prevaricação, peita ou suborno, concussão, peculato; ou contra a economia popular, contra o sistema financeiro nacional, contra as normas de defesa da concorrência, contra as relações de consumo, a fé pública ou a propriedade, enquanto perdurarem os efeitos da condenação.
>
> § 2º Aplicam-se à atividade dos administradores, no que couber, as disposições concernentes ao mandato.

Art. 1.012. O administrador, nomeado por instrumento em separado, deve averbá-lo à margem da inscrição da sociedade, e, pelos atos que praticar, antes de requerer a averbação, responde pessoal e solidariamente com a sociedade. (Brasil, 2002)

A equivalência dos deveres do liquidante aos do administrador impõe ao liquidante o dever de agir com diligência na condução de suas atividades, promovendo a defesa dos interesses da sociedade em liquidação, sob pena de responder por eventuais prejuízos causados por uma atuação temerária.

O pagamento dos credores da sociedade em liquidação extrajudicial deve observar as regras dispostas entre os arts. 1.106 e 1.110 do Código Civil.

Com relação às dívidas da sociedade em liquidação, Campinho (2023a) orienta que, na realização do pagamento do passivo, o liquidante deve observar a preferência estabelecida entre os credores, conforme a ordem de classificação e preferência dos respectivos títulos, pagando proporcionalmente as dívidas sociais vencidas e vincendas. Estas últimas terão o desconto dos juros relativos à antecipação do pagamento, segundo as taxas de mercado, conforme autoriza o art. 1.106 do Código Civil.

O parágrafo único do referido artigo autoriza o liquidante a quitar integralmente as dívidas vencidas sem observar a regra da proporcionalidade, contanto que o ativo da sociedade em liquidação seja superior ao passivo. Porém, ao fazê-lo, o liquidante assume responsabilidade pessoal caso faltem recursos para a quitação de eventuais débitos sociais. Trata-se, portanto, de decisão arrojada do liquidante, que deve ser tomada após uma cuidadosa análise contábil, financeira e patrimonial tanto dos ativos quanto dos passivos, evitando prejuízos e, principalmente, responsabilização pessoal por eventuais prejuízos causados a credores preferenciais.

O art. 1.107 do Código Civil autoriza que, antes de encerrar a liquidação e após a quitação de todas as dívidas, os sócios podem deliberar e aprovar, por maioria de votos, que o liquidante faça rateios por antecipação da partilha, à medida que se apurem os haveres sociais.

O término do processo de liquidação pode demorar mais do que o desejado pelos sócios, que, assim, podem receber antecipadamente parte do capital correspondente à sua participação societária. Essa possibilidade fica condicionada, evidentemente, ao pagamento prévio de todos os credores.

De acordo com o art. 1.108 do Código Civil, pago o passivo e partilhado o remanescente, o liquidante deve convocar assembleia dos sócios para a prestação final de contas. O quórum necessário para a deliberação dos sócios segue a mesma regra para a nomeação do liquidante:

- **sociedade limitada**: maioria de votos dos presentes na assembleia se a lei ou o contrato não exigir maioria mais elevada (art. 1.076, III, c/c art. 1.071, VII, do Código Civil);
- **sociedade simples, em nome coletivo ou em comandita simples**: maioria absoluta se o contrato não impuser a unanimidade de votos (art. 999 do Código Civil).

Aprovadas as contas prestadas pelo liquidante, encerra-se a liquidação, e a sociedade se extingue, ao ser averbada no registro próprio da ata da assembleia, conforme permite o art. 1.109 do Código Civil. A averbação deve ser publicada na forma do parágrafo 1º do art. 1.152 do Código Civil; é somente após esse ato que a pessoa jurídica estará efetivamente extinta.

Se um sócio discordar da prestação de contas, o parágrafo único do art. 1.109 o autoriza a questioná-la judicialmente no prazo decadencial de 30 dias, contado a partir da publicação da ata devidamente averbada que aprovou as contas.

Finalmente, o art. 1.110 do Código Civil estabelece que, encerrada a liquidação, o credor insatisfeito por não receber o que lhe é devido só tem direito de exigir dos sócios, individualmente, o pagamento de seu crédito, até o limite da soma recebida em partilha, bem como propor contra o liquidante ação de perdas e danos.

Campinho (2023a) alerta que a ação promovida pelo credor insatisfeito pode envolver apenas um, alguns ou até todos os sócios. No entanto, caso um dos sócios arque com o pagamento devido ao credor, fica-lhe assegurado o reembolso proporcional pelos demais sócios, de acordo com a proporção das quotas sociais destes.

— 6.4 —
Liquidação judicial da sociedade

Na hipótese de os sócios não estarem de acordo sobre a realização consensual e extrajudicial da liquidação da sociedade, qualquer um deles pode aforar judicialmente uma demanda de liquidação, devendo citar os demais sócios para, querendo, responder à ação de liquidação judicial de sociedade.

Conforme o procedimento previsto no Código de Processo Civil, mesmo em um processo iniciado na modalidade litigiosa deve ser buscada uma solução consensual, que pacifique o conflito, com a realização de uma audiência conciliatória. Nessa audiência (ou assembleia, caso a quantidade de sócios seja elevada), são sugeridos aos sócios caminhos para a construção coletiva de uma solução amigável.

Caso o ato constitutivo (contrato social) estabeleça regras sobre eventual liquidação da sociedade, tais regras, se elaboradas de forma juridicamente válida (sem defeitos ou invalidades), deverão ser cumpridas, mesmo em caso de liquidação judicial, como determina o inciso II do art. 604 do Código de Processo Civil: "Para apuração dos haveres, o juiz [...] definirá o critério de apuração dos haveres à vista do disposto no contrato social" (Brasil, 2015).

Inexistindo qualquer regramento relativo à liquidação no ato constitutivo, o juiz decidirá as questões procedimentais necessárias, nomeando o liquidante depois de consultar os sócios, que poderão até mesmo escolher pessoa estranha ao quadro societário. É uma nomeação importante, pois o liquidante se torna diretamente responsável pelo levantamento de informações imprescindíveis, apurando a realidade patrimonial da sociedade (ativos) e inventariando as respectivas dívidas (passivos) por meio de balanço patrimonial especificamente levantado para a liquidação.

O balanço tem por objetivo evitar que a extinção da empresa cause prejuízo a terceiros, em especial credores, e distribuir, quando houver saldo positivo, a parcela de bens que couber a cada um dos sócios, proporcionalmente à sua participação societária, representada pela quantidade de quotas sociais.

Nesse processo, o liquidante deve agir com a máxima cautela, pois responderá pessoalmente pela atuação à frente da liquidação, notadamente quando agir de má-fé ou se cometer atos ilícitos, como favorecer indevidamente determinados credores ou sócios.

Inventariados os bens patrimoniais, avaliando-se adequadamente tanto os bens tangíveis (imóveis, veículos, máquinas, equipamentos, estoque etc.) quanto os intangíveis (direitos sobre marcas, propriedade intelectual etc.), e elaborado o balanço patrimonial específico para a liquidação, tais documentos devem ser juntados aos autos do processo. As partes envolvidas serão intimadas para se manifestarem no prazo a ser definido pelo juiz.

Caso as partes não concordem com alguma informação constante nos documentos apresentados pelo liquidante, a parte que se sentir prejudicada poderá impugná-lo. Nesse caso, o juiz determinará que o liquidante e as partes envolvidas na reclamação se manifestem sobre o teor da impugnação. Recebidas as devidas respostas, o juiz decidirá o ponto controverso.

Na hipótese de o ativo da sociedade não ser suficiente para arcar com as responsabilidades inerentes ao seu passivo, como explica Mamede (2023), o liquidante pode exigir dos sócios as contribuições que lhes são devidas, especialmente quando o tipo societário for caracterizado pela responsabilidade ilimitada dos sócios, quais sejam: sociedade simples comum, sociedade em nome coletivo e sócios administradores das sociedades em comandita (simples e por ações).

Nas sociedades com limitação de responsabilidade (como nas sociedades limitadas) ou não podendo os sócios suportarem o passivo aberto, Mamede (2023) esclarece que o liquidante deve recomendar ao juízo a decretação de falência (se sociedade empresária) ou insolvência civil (se sociedade simples).

Por fim, quitadas as dívidas inerentes ao passivo e restando saldo de patrimônio social, o liquidante deve propor um plano de partilha entre os sócios, na proporção das respectivas quotas (Mamede, 2023). Os sócios serão intimados a se manifestar e, se for o caso, impugnar o plano de partilha no prazo de cinco dias.

Decidida a partilha, o liquidante deve prestar contas sobre o trabalho concluído e, assim, todos os bens da sociedade estarão partilhados.

O inciso II do art. 604 do Código de Processo Civil dá autonomia aos sócios para criar regras pertinentes à liquidação, notadamente quanto à apuração de haveres (momento em que se avalia o patrimônio, inclusive o intangível) e quanto à venda de ativos, aspectos tipicamente controversos na liquidação da sociedade, aos quais se pode acrescentar ainda a indicação do liquidante. Nesse sentido, é aconselhável que o ato constitutivo da sociedade preveja tais situações, de maneira clara e transparente para os sócios, para que eventual liquidação seja realizada com previsibilidade e com base em regras conhecidas por todos, proporcionando segurança jurídica e evitando gastos e desgastes desnecessários.

— 6.5 —
Dissolução, liquidação e extinção de sociedade por ações

A dissolução das sociedades por ações está regulamentada pelo art. 206 da Lei das S.A., que prevê três modalidades:

1. **De pleno direito**: ocorre pelo término do prazo de duração; nos casos previstos no estatuto social; por decisão de no mínimo metade dos acionistas com direito a voto em assembleia-geral; na existência de um único acionista, verificada em assembleia-geral ordinária, se o mínimo de dois acionistas não for reconstituído até a assembleia-geral do ano seguinte, ressalvado o disposto no art. 251; ou pela extinção de autorização para funcionamento regular.

2. **Por decisão judicial**: ocorre quando acontece a anulação da sociedade, em ação proposta por qualquer acionista; quando provada em juízo a impossibilidade de se alcançar seu fim social, em ação proposta por acionistas que representem 5% ou mais do capital social; ou em caso de falência.
3. **Por decisão administrativa**: ocorre como consequência de decisão administrativa prevista em lei especial. Negrão (2023a) cita como exemplo a liquidação extrajudicial de empresa do sistema financeiro (Lei n. 6.204, de 13 de março de 1974) e de sociedades cooperativas (arts. 63 a 78 da Lei n. 5.764, de 16 de dezembro de 1971).

Concluída a dissolução total da sociedade por ações, é realizada a liquidação, mediante o levantamento de informações para identificar a situação patrimonial da companhia (ativos) e inventariar as respectivas dívidas (passivos), por meio de balanço patrimonial especificamente levantado para esse fim.

Quitadas as dívidas apuradas no passivo, eventual saldo deve ser dividido entre os acionistas na liquidação, que pode ser consensual, quando for viável uma composição amigável entre os sócios, ou judicial, quando for realizada por decisão judicial pela impossibilidade de acordo entre os acionistas ou quando for requerida pelo Ministério Público, hipótese prevista nos incisos I e II do art. 209 da Lei das S.A. Após isso, o liquidante deve convocar assembleia-geral para a prestação de contas, conforme determina o art. 216 da referida lei.

Encerrada a liquidação, ocorre a extinção da companhia, nos termos do inciso I do art. 219 da Lei das S.A.

Capítulo 7

Transformações e reorganizações societárias

Sociedades são constituídas e administradas para atender aos objetivos estabelecidos por seus sócios, podendo-se, para tanto, realizar operações de transformação e reorganização societária, conforme os limites e regulamentos previstos na legislação, notadamente entre os arts. 1.113 e 1.122 do Código Civil e na Lei das S.A.

De acordo com Marlon Tomazette (2023), apesar de o Código Civil fazer menção à transformação, à incorporação, à fusão e à cisão das sociedades, sua abordagem é superficial e incompleta. Por esse motivo, torna-se necessário utilizar, em caráter subsidiário, o regramento previsto entre os arts. 226 e 234 da Lei das S.A., aplicando a devida interpretação por analogia quando a sociedade a ser transformada ou reorganizada não for sociedade por ações.

A reorganização societária de sociedade anônima e de sociedade em comandita por ações, segundo Sérgio Campinho (2023b), deve ser regida pela Lei das S.A., em virtude da ressalva dos arts. 1.089 e 1.090 do Código Civil[1].

Se a operação societária se estabelecer no âmbito das sociedades contratuais disciplinadas no Código Civil (sociedade em nome coletivo, sociedade em comandita simples e sociedade limitada), devem ser aplicadas as regras desse código, salvo quanto à cisão, cuja previsão no código refere-se ao impacto no direito dos credores. Nesse caso, a análise das demais questões

---

1 "Art. 1.089. A sociedade anônima rege-se por lei especial, aplicando-se lhe, nos casos omissos, as disposições deste Código. Art. 1.090. A sociedade em comandita por ações tem o capital dividido em ações, regendo-se pelas normas relativas à sociedade anônima, sem prejuízo das modificações constantes deste Capítulo, e opera sob firma ou denominação" (Brasil, 2002).

relativas à cisão deve ser submetida ao regime normativo da Lei das S.A., especificamente entre os arts. 229 e 233.

Na busca pelos interesses mercantis, inclusive para expandir o mercado de atuação, reduzir custos com produção em escala, entre outros resultados que podem aumentar o retorno financeiro de sócios e investidores, é corriqueiro realizar operações contratuais para transformações e reorganizações societárias, especialmente no intuito de acompanhar e atender adequadamente mudanças e demandas do mercado, mantendo a operação economicamente viável, eficiente e lucrativa.

Também é comum sociedades passarem por operações societárias em virtude de divergências entre sócios, sucessores e herdeiros, situação que não raramente leva à cisão, quando a empresa é dividida em duas ou mais sociedades.

Há inúmeros motivos relevantes para a realização de operações de transformação e reorganização societária. Entre eles, podemos destacar alguns exemplos de situações fáticas do dia a dia da advocacia empresarial:

- conflitos de interesses entre sócios nas decisões sociais;
- morte ou interdição de sócio, especialmente quando ocorrem conflitos entre herdeiros e sucessores;
- crise financeira na sociedade (conflitos na distribuição de lucros e dividendos e política interna de investimentos na empresa);
- estratégia comercial (objeto social);
- gestão e planejamento tributário (porte de empresa e enquadramento fiscal);

- adaptação às demandas do mercado (divergência nas estratégias comerciais e nos planos de ação);
- possibilidade de captação de recursos financeiros (abertura de capital ou viabilidade de captação de investimentos específicos para determinadas atividades);
- aquisição de tecnologias estratégicas com a aquisição da empresa que as detém;
- aquisição de marcas estratégicas, permitindo a aceleração no crescimento da participação de mercado em determinada atividade;
- redução do custo individual de produção com o aumento do volume produzido.

A depender da natureza do conflito entre os sócios ou da necessidade de ajustar o rumo da gestão empresarial, há alternativas distintas que podem atender à necessidade apresentada, viabilizando a pacificação do conflito ou adequando a condução dos negócios, de modo a evitar o encerramento das atividades empresariais e preservar a função social da empresa.

Nesse caso, o rol de possibilidades legais, dada a repercussão econômica e concorrencial, pode demandar providências específicas junto a órgãos administrativos, como o Cartório de Registro de Imóveis, o Departamento Nacional de Trânsito (Detran), o Cartório de Registro de Pessoa Jurídica, a Junta Comercial e o Conselho Administrativo de Defesa Econômica (Cade). Tais providências podem variar do simples registro da operação, com a devida formalização relativa aos bens transferidos (imóveis, ações, veículos, créditos etc.), até a necessidade de autorização expressa para efetivar a operação, como nos casos que requerem autorização do Cade.

O Cade foi criado pela Lei n. 12.529, de 30 de novembro de 2011, que estruturou o Sistema Brasileiro de Defesa da Concorrência (SBDC). Sua missão é de natureza constitucional: proteger a livre concorrência no mercado, princípio da atividade econômica previsto no art. 170, inciso IV, da Constituição. Trata-se da entidade responsável, no âmbito do Poder Executivo, por investigar e decidir, em última instância, sobre a matéria concorrencial, bem como por promover e estimular a cultura da livre concorrência.

Para prevenir e reprimir infrações contra a ordem econômica no Brasil, prevista no art. 170 da Constituição, o Cade tem as seguintes atribuições (Cade, 2024):

- **Preventiva**: analisar e decidir pedidos de fusões, aquisições de controle, incorporações e outros atos de concentração econômica entre grandes empresas que possam prejudicar ou colocar em risco a livre concorrência.
- **Repressiva**: apurar e julgar, com competência em todo o território nacional, cartéis e outras condutas prejudiciais à livre concorrência.
- **Educativa**: instruir o público em geral sobre comportamentos prejudiciais à livre concorrência; incentivar estudos e pesquisas acadêmicas sobre o tema, celebrando convênios com universidades, institutos de pesquisa, associações e órgãos do governo; ministrar ou apoiar cursos, palestras, seminários e eventos relacionados ao assunto; editar publicações, como a *Revista de Defesa da Concorrência* e cartilhas.

Um exemplo prático da atuação do Cade em reorganizações societárias envolve duas grandes empresas de higiene bucal: Colgate-Palmolive Company e Kolynos do Brasil S.A. Juntas, em ato de concentração decorrente da compra da Kolynos pela Colgate, elas detinham 78,1% do mercado brasileiro de creme dental. Pela elevada ameaça à concorrência, tais empresas protagonizaram no Brasil, em 1996, um grande caso antitruste (Cade, 1997).

Com o objetivo de proteger a concorrência, o Cade propôs, como forma de evitar práticas anticoncorrenciais, três alternativas para autorizar o ato de concentração:

1. suspensão temporária do uso da marca Kolynos;
2. licenciamento exclusivo para terceiros da marca Kolynos;
3. alienação da marca Kolynos.

Apesar de deter a maior fatia do mercado de creme dental (52%) e escova de dentes (20%), a Colgate optou por suspender o uso da marca Kolynos, abrindo espaço para novos concorrentes. Tempos depois, a Colgate adaptou suas embalagens e criou ações de *marketing* para lançar uma nova marca de pasta de dente, a Sorriso.

Considerando-se os impactos que operações de reorganização societária podem causar nas sociedades envolvidas, inclusive sob a perspectiva de deveres, responsabilidades e consequências de tais operações, elas devem ser realizadas com total transparência em todas as etapas, notadamente entre os sócios e os órgãos de administração das sociedades (conselho de administração e diretoria).

Muitos conflitos societários decorrentes de operações de transformação e reorganização societária seriam evitados se houvesse o devido cuidado com a apresentação das informações sobre os procedimentos envolvidos, em especial quando dizem respeito aos direitos dos sócios sobre suas ações e à avaliação dos bens (*valuation*) que compõem o acervo patrimonial da sociedade que está se reorganizando.

Disso decorre a necessidade de a sociedade ser adequadamente assessorada por profissionais especializados, sobretudo contadores qualificados a realizar uma minuciosa avaliação financeira e patrimonial de ativos e passivos, com a apresentação de balanços patrimoniais, laudos de avaliação do patrimônio e declarações contábeis obrigatórias (imposto de renda, contribuições, informações econômico-fiscais, débitos e créditos de tributos federais e mais informações legalmente exigidas), sempre em conformidade com as normas da contabilidade e da legislação aplicável.

Finalmente, também é imprescindível contar com a assessoria de advogados com *expertise* em direito societário, para esclarecer adequadamente os sócios sobre direitos, deveres e responsabilidades na operação que se planeja executar, evitando frustrações e conflitos desnecessários.

Tanto nas transformações quanto nas reorganizações societárias, a legislação define regras, limites e critérios objetivos para as operações envolvidas: transformação, incorporação, fusão e cisão. Vejamos a seguir cada uma delas.

— 7.1 —
Transformação societária

Para alcançar os objetivos sociais previstos no contrato ou estatuto social, a sociedade pode precisar alterar o tipo societário, transformando a estrutura jurídica para um modelo que melhor atenda à estratégia comercial de sócios e investidores.

Na transformação do tipo societário, a sociedade muda o regime jurídico com a alteração do contrato ou estatuto social, adequando-se às regras inerentes ao novo tipo societário escolhido, sem necessariamente ter de constituir uma nova empresa (por exemplo, transformação de sociedade limitada em sociedade anônima de capital aberto).

Sílvio Venosa e Cláudia Rodrigues (2023) alertam sobre **restrições para transformações societárias** decorrentes da impossibilidade de o empresário individual e as sociedades em conta de participação se transformarem em sociedade. Ao justificar tal limitação, o autor argumenta que o empresário individual não apresenta as características da pessoa jurídica, já que é apenas e tão somente possuidor de um patrimônio especial para a exploração da empresa. Se optar pelo exercício coletivo da empresa, deve constituir pessoa jurídica contratando sociedade, até então inexistente.

Por sua vez, a sociedade em conta de participação também não é pessoa jurídica, não passando de um contrato associativo no qual pessoas físicas se reúnem e se organizam para explorar a empresa fundada na responsabilidade patrimonial exclusiva de uma ou algumas delas, no caso, o sócio ostensivo. Portanto, para adquirir a condição de empresário coletivo, torna-se necessário constituir pessoa jurídica.

Os demais tipos societários não apresentam restrições para transformações societárias e podem, inclusive, mudar de sociedade simples para sociedade empresária.

Segundo Venosa e Rodrigues (2023), havendo alteração de sociedade simples para empresária, a sociedade simples deve cancelar seu registro perante o Cartório de Registro Civil de Pessoas Jurídicas e fazer inscrição junto ao órgão responsável pelo registro de sociedades empresárias, a junta comercial do estado onde a empresa estiver situada. No caso de mudança de sociedade empresária para simples, realiza-se o procedimento inverso.

Se a transformação envolver a mudança de tipo societário e a manutenção da natureza jurídica de sociedade empresária, basta realizar o registro da alteração do contrato social na junta comercial.

Somente a partir do devido registro no órgão competente, com a averbação da alteração do contrato ou estatuto social ou com o novo registro, quando for o caso, é que os efeitos pretendidos com a transformação societária serão produzidos.

Ao se alterar o regime jurídico da sociedade, esta passa a cumprir a legislação correspondente ao novo tipo societário. Tal alteração pode influenciar substancialmente direitos e obrigações dos sócios (por exemplo, mudanças no regime de responsabilidade pessoal do sócio pelas dívidas da sociedade), bem como a maneira como as decisões são tomadas. Por esse motivo, uma transformação societária depende da aprovação expressa de todos os sócios, conforme determina o art. 1.114 do Código Civil:

> Art. 1.114. A transformação depende do consentimento de todos os sócios, salvo se prevista no ato constitutivo, caso em que o dissidente poderá retirar-se da sociedade, aplicando-se, no silêncio do estatuto ou do contrato social, o disposto no art. 1.031. (Brasil, 2002)

Nesse caso, o silêncio do sócio não pode ser presumido como anuência. O consentimento para a transformação societária deve ser apresentado de forma expressa pelo sócio, sem dar margem para dúvida quanto à sua aprovação.

Na hipótese de existir regra específica no ato constitutivo (contrato ou estatuto social) que autorize a transformação societária e fixe critérios objetivos para a sua realização (por exemplo, regras relativas ao quórum necessário para aprovação), tal decisão deve ser cumprida pelos sócios. Como o ato constitutivo da empresa estabelece obrigações a serem cumpridas por todos os sócios, cabe a um eventual sócio dissidente o direito de se retirar da sociedade, com a liquidação de suas quotas, em se tratando de **sociedade contratual**, aplicando-se o disposto estabelecido no art. 1.031 do Código Civil:

> Art. 1.031. Nos casos em que a sociedade se resolver em relação a um sócio, o valor da sua quota, considerada pelo montante efetivamente realizado, liquidar-se-á, salvo disposição contratual em contrário, com base na situação patrimonial da sociedade, à data da resolução, verificada em balanço especialmente levantado. (Brasil, 2002)

Em se tratando de **sociedade institucional**, como é o caso das sociedades anônimas, aplica-se o art. 221 da Lei das S.A.:

> Art. 221. A transformação exige o consentimento unânime dos sócios ou acionistas, salvo se prevista no estatuto ou no contrato social, caso em que o sócio dissidente terá o direito de retirar-se da sociedade.
>
> Parágrafo único. Os sócios podem renunciar, no contrato social, ao direito de retirada no caso de transformação em companhia. (Brasil, 1976b)

Nessa hipótese, ao retirar-se da sociedade, o acionista tem direito ao reembolso de suas ações, exceto se renunciar expressamente, mediante cláusula no contrato social, no caso de transformação da sociedade contratual em institucional (transformação em companhia), conforme previsto no parágrafo único do art. 221 da Lei das S.A.

Aprovada a transformação pelos sócios, a sociedade deve alterar seu contrato ou estatuto social, informando a alteração realizada ao órgão competente, com os ajustes inerentes ao tipo societário escolhido.

Venosa e Rodrigues (2023) alertam que, em relação às dívidas sociais relacionadas aos efeitos da falência de uma sociedade transformada, em que anteriormente havia responsabilidade pessoal dos sócios pelas dívidas, os sócios da sociedade transformada, sujeitos à responsabilidade pessoal, continuam responsáveis pelos créditos gerados anteriormente à transformação, mediante requerimento expresso dos credores. A proteção jurídica dos credores de sociedade transformada está prevista no art. 1.115 do Código Civil:

> Art. 1.115. A transformação não modificará nem prejudicará, em qualquer caso, os direitos dos credores.
>
> Parágrafo único. A falência da sociedade transformada somente produzirá efeitos em relação aos sócios que, no tipo anterior, a eles estariam sujeitos, se o pedirem os titulares de créditos anteriores à transformação, e somente a estes beneficiará. (Brasil, 2002)

Para Gladston Mamede (2023), a transformação não modifica nem prejudica os direitos dos credores, já que restam asseguradas as mesmas garantias que o tipo societário anterior lhes ofertava.

Portanto, com fundamento no parágrafo único do art. 1.115 do Código Civil e no parágrafo único do art. 222 da Lei das S.A., em eventual falência da sociedade transformada, isso produzirá efeitos apenas em relação aos sócios que, no tipo societário anterior, a eles estariam sujeitos, se o solicitarem os titulares de créditos anteriores à transformação, e somente estes serão beneficiados.

Por fim, ressaltamos que os efeitos inerentes à transformação, inclusive relativos aos direitos dos credores, dependem da devida averbação perante o órgão competente, ocasião em que se iniciam os efeitos jurídicos pretendidos com a transformação.

— 7.2 —
Incorporação, fusão e cisão societária

A Lei das S.A. estabelece, entre os arts. 223 e 234, critérios objetivos para as reorganizações societárias, com o intuito de garantir o respeito aos direitos de sócios, credores e debenturistas das sociedades envolvidas no processo de incorporação, fusão ou cisão, bem como assegurar a regularidade do negócio e a observância do princípio da veracidade, da não surpresa e da boa-fé contratual.

Nesse sentido, os arts. 224 e 225 da Lei das S.A. preveem duas providências, denominadas **protocolo** e **justificação**, que devem ser realizadas de forma prévia ao processo de incorporação, fusão ou cisão.

[Protocolo]

Art. 224. As condições da incorporação, fusão ou cisão com incorporação em sociedade existente constarão de protocolo firmado pelos órgãos de administração ou sócios das sociedades interessadas, que incluirá:

I – o número, espécie e classe das ações que serão atribuídas em substituição dos direitos de sócios que se extinguirão e os critérios utilizados para determinar as relações de substituição;

II – os elementos ativos e passivos que formarão cada parcela do patrimônio, no caso de cisão;

III – os critérios de avaliação do patrimônio líquido, a data a que será referida a avaliação, e o tratamento das variações patrimoniais posteriores;

IV – a solução a ser adotada quanto às ações ou quotas do capital de uma das sociedades possuídas por outra;

V – o valor do capital das sociedades a serem criadas ou do aumento ou redução do capital das sociedades que forem parte na operação;

VI – o projeto ou projetos de estatuto, ou de alterações estatutárias, que deverão ser aprovados para efetivar a operação;

VII – todas as demais condições a que estiver sujeita a operação.

Parágrafo único. Os valores sujeitos a determinação serão indicados por estimativa.

[Justificação]

Art. 225. As operações de incorporação, fusão e cisão serão submetidas à deliberação da assembleia-geral das companhias interessadas mediante justificação, na qual serão expostos:

I – os motivos ou fins da operação, e o interesse da companhia na sua realização;

II – as ações que os acionistas preferenciais receberão e as razões para a modificação dos seus direitos, se prevista;

III – a composição, após a operação, segundo espécies e classes das ações, do capital das companhias que deverão emitir ações em substituição às que se deverão extinguir;

IV – o valor de reembolso das ações a que terão direito os acionistas dissidentes. (Brasil, 1976b)

É fundamental que o protocolo e a justificação se baseiem em dados fidedignos à realidade, os quais devem ser coletados e auditados por peritos, notadamente dados de natureza financeira e patrimonial (com especial atenção a pendências financeiras e dívidas, em juízo ou não). Essas informações podem influenciar substancialmente o valor real das quotas sociais e das ações das sociedades envolvidas na operação, bem como o adequado valor da liquidação das quotas ou do reembolso das ações de sócios quotistas ou acionistas que optem por se retirar da sociedade.

De posse dos relatórios de auditoria financeira e patrimonial, bem como do projeto do novo estatuto ou contrato social, deve ser realizada uma assembleia-geral que possibilite a sócios, investidores, credores e debenturistas fazer uma perfeita avaliação da operação societária.

Seguindo à risca os procedimentos de protocolo e justificação, os envolvidos devem receber informações que lhes permitam compreender com exatidão as condições do negócio. Para tanto, devem ser feitos esclarecimentos relativos às seguintes questões:

- eventuais alterações em direitos, inclusive os inerentes às espécies e classes das ações;
- alterações estatutárias pretendidas;
- valores do negócio;
- a real situação jurídica, financeira e contábil das sociedades envolvidas.

Tais providências possibilitarão que as decisões dos envolvidos, inclusive quanto aos objetivos da operação societária, sejam tomadas de maneira livre e consciente, trazendo segurança jurídica e firmeza.

Entretanto, caso haja inobservância das diretrizes previstas na legislação para os processos de organização societária, especialmente o protocolo e a justificação, eventual insatisfação de alguma das partes, inclusive as decorrentes de omissão de informação relevante ou alteração de dados de natureza financeira ou patrimonial, pode basear a alegação de que a parte que se sentiu prejudicada foi induzida ao erro ou tomou decisão equivocada de acordo com dados incompletos ou distorcidos. Em última análise, tal insatisfação pode viabilizar o ajuizamento de demanda judicial com o objetivo de suspender ou anular a operação ou para pleitear indenização por danos patrimoniais e morais.

Além disso, tomadas as cautelas recomendadas, é possível reduzir substancialmente a possibilidade de os envolvidos alegarem vícios de consentimento, que podem suscitar pedidos de anulação do negócio sob a alegação de defeito quanto à promessa da transformação social pretendida, em virtude de erro ou dolo (arts. 138 a 150 do Código Civil).

Mamede (2023) sustenta que, em sociedades com poucos quotistas ou acionistas, os sócios podem dispensar o protocolo e a justificação por unanimidade. Nesse ponto, ousamos divergir, pois esse procedimento minimiza conflitos evitáveis por mero arrependimento, divergências sobre valores alegados e direitos prometidos, acusações infundadas de erro, dolo ou mesmo atos ilícitos, durante o processo de reorganização societária. Ao apresentarem informações completas e fidedignas que sigam o processo de protocolo e justificação, mesmo empresas pequenas e com poucos sócios garantem maior segurança jurídica.

— 7.2.1 —
Incorporação societária

De acordo com o art. 1.116 do Código Civil, "Na incorporação, uma ou várias sociedades são absorvidas por outra, que lhes sucede em todos os direitos e obrigações, devendo todas aprová-la, na forma estabelecida para os respectivos tipos" (Brasil, 2002).

A incorporação também está prevista na Lei das S.A.:

> Art. 227. A incorporação é a operação pela qual uma ou mais sociedades são absorvidas por outra, que lhes sucede em todos os direitos e obrigações.
>
> § 1º A assembleia-geral da companhia incorporadora, se aprovar o protocolo da operação, deverá autorizar o aumento de capital a ser subscrito e realizado pela incorporada mediante versão do seu patrimônio líquido, e nomear os peritos que o avaliarão.
>
> § 2º A sociedade que houver de ser incorporada, se aprovar o protocolo da operação, autorizará seus administradores a praticarem os atos necessários à incorporação, inclusive a subscrição do aumento de capital da incorporadora.
>
> § 3º Aprovados pela assembleia-geral da incorporadora o laudo de avaliação e a incorporação, extingue-se a incorporada, competindo à primeira promover o arquivamento e a publicação dos atos da incorporação. (Brasil, 1976b)

Na incorporação de empresa, uma sociedade empresária "incorpora" uma ou mais sociedades, que deixam de existir ao final do processo, restando apenas a sociedade incorporadora, que mantém sua personalidade jurídica e assume direitos e obrigações de natureza patrimonial da(s) sociedade(s) incorporada(s).

Segundo Negrão (2023a), diferentemente do que ocorre na transformação societária, na incorporação pode não haver a mudança do tipo societário, pois o processo faz desaparecer as sociedades incorporadas. Por exemplo, uma sociedade limitada pode incorporar outras duas sociedades limitadas ou uma sociedade em nome coletivo e outra em comandita simples. Ao final, temos o mesmo resultado: uma única sociedade limitada – a sociedade limitada incorporadora.

Para Tomazette (2023), quando se incorpora(m) outra(s) empresa(s), ocorre o fenômeno da **expansão empresarial**, com o consequente aumento do capital social.

O procedimento de incorporação se inicia com o **protocolo**, como vimos no tópico anterior. É realizada uma assembleia-geral, nos termos do parágrafo 1º do art. 227 da Lei das S.A., para aprovar o protocolo da operação, com o respectivo aumento de capital social a ser subscrito e realizado pela incorporada mediante versão de seu patrimônio líquido. A assembleia também nomeia os peritos que avaliarão o processo.

Da mesma forma, a sociedade que será incorporada, se aprovar o protocolo, autoriza seus administradores a praticar os **atos necessários à incorporação**, inclusive a subscrição do aumento de capital da incorporadora. Finalmente, sendo aprovados pela assembleia-geral da incorporadora o laudo de avaliação e a incorporação, extingue-se a incorporada, devendo a incorporadora promover o **arquivamento** e a **publicação** dos atos da incorporação perante a junta comercial.

Campinho (2023b) destaca que todo o patrimônio da incorporada é integrado à incorporadora, que a sucede a título universal. Por sua vez, os acionistas da incorporada migram para a incorporadora, recebendo novas ações de emissão da incorporadora.

Essas novas ações correspondem ao aumento do capital decorrente da absorção do patrimônio líquido da incorporada, verificado em análise pericial.

Campinho (2023b) ressalta a possibilidade de o acionista da sociedade incorporada exercer o **direito de recesso**, ou seja, o direito de retirar-se da sociedade, mediante o reembolso de suas ações, conforme previsto no art. 137 da Lei das S.A. Isso pode acontecer no prazo de 30 dias, contados a partir da publicação da ata que aprovar o protocolo ou a justificação. O pagamento do reembolso deve acontecer depois de efetivada a operação, nos termos do art. 230 da Lei das S.A. O autor ainda alerta que os acionistas da incorporadora, por falta de previsão legal, não fazem jus ao direito de retirada.

> O direito de retirada não caberá ao acionista da sociedade incorporada caso seja titular de ações de espécie ou classe que tenham liquidez e dispersão no mercado, nos termos do art. 137, inciso II, da Lei das S.A.

Credores das sociedades anteriores à incorporação que se sentirem prejudicados com a operação societária podem requerer judicialmente a anulação da operação, nos termos do art. 232 da Lei das S.A., no prazo decadencial de 60 dias, se aplicável a referida lei, e no prazo decadencial de 90 dias, se aplicável o Código Civil, conforme o art. 1.122.

A aquisição de empresas por meio da incorporação é uma modalidade agressiva de crescimento utilizada para "absorver" empresas concorrentes ou que realizem negócios adjacentes ao seu próprio negócio, proporcionando ganhos com redução de custos ou agregando valor ao negócio principal. Um exemplo é um hospital que incorpora outro hospital concorrente ou um laboratório de análises clínicas e uma clínica de fisioterapia, ou uma empresa de prestação de serviço que incorpora uma empresa que comercializa uniformes e equipamentos de proteção individual (EPIs).

No Brasil, houve algumas incorporações de grande expressão econômica, entre as quais podemos citar:
- a incorporação da Nextel Telecomunicações Ltda. pela Claro S.A., empresas prestadoras de serviço de telefonia móvel, aprovada pelo Cade em 2019. O valor total da operação foi de aproximadamente R$ 3,5 bilhões (Brasil, 2019c);
- a incorporação da Avon Products Inc. pela Natura Cosméticos S.A., empresas do mercado de cosméticos, aprovada em 2019 sem restrições pelo Cade. A operação totalizou R$ 15 bilhões (Natura, 2020).

Trata-se de estratégia arrojada, pois, ao mesmo tempo que a sociedade incorporada proporciona à sociedade incorporadora potenciais vantagens econômicas e aumento do capital social, além de esta poder incorporar empresas concorrentes, aumentando sua participação no mercado, a operação vem acompanhada de obrigações, dívidas e passivos judiciais das sociedades incorporadas.

Empresas com perfil de administração mais conservador nem sempre se valem dessa estratégia e buscam priorizar o crescimento orgânico do negócio, evitando até mesmo contrair empréstimos e financiamentos normalmente necessários para viabilizar a incorporação de outras empresas. Essa cautela faz sentido em uma economia instável como a brasileira. Nesse contexto, crescimentos arrojados por meio de incorporações financiadas com capital de terceiros sujeitam o incorporador aos riscos inerentes ao endividamento bancário, com volatilidade nos juros, elevada variação cambial, alternância de crises financeiras e corrosivo processo inflacionário, situações que dificultam o planejamento estratégico de empresas, especialmente no longo prazo.

— 7.2.2 —
Fusão societária

Duas ou mais empresas, por motivos econômicos e/ou estratégia comercial, podem se unir socialmente, concentrando-se para criar uma empresa por meio de uma operação societária denominada *fusão*.

A previsão legal da fusão se encontra de maneira dispersa ao longo da Lei das S.A. e de forma mais concisa no Código Civil, notadamente entre os arts. 1.119 e 1.122, que definem os aspectos societários essenciais da modalidade:

> Art. 1.119. A fusão determina a extinção das sociedades que se unem, para formar sociedade nova, que a elas sucederá nos direitos e obrigações.
>
> Art. 1.120. A fusão será decidida, na forma estabelecida para os respectivos tipos, pelas sociedades que pretendam unir-se.
>
> § 1º Em reunião ou assembleia dos sócios de cada sociedade, deliberada a fusão e aprovado o projeto do ato constitutivo da nova sociedade, bem como o plano de distribuição do capital social, serão nomeados os peritos para a avaliação do patrimônio da sociedade.
>
> § 2º Apresentados os laudos, os administradores convocarão reunião ou assembleia dos sócios para tomar conhecimento deles, decidindo sobre a constituição definitiva da nova sociedade.
>
> § 3º É vedado aos sócios votar o laudo de avaliação do patrimônio da sociedade de que façam parte.
>
> Art. 1.121. Constituída a nova sociedade, aos administradores incumbe fazer inscrever, no registro próprio da sede, os atos relativos à fusão.
>
> Art. 1.122. Até noventa dias após publicados os atos relativos à incorporação, fusão ou cisão, o credor anterior, por ela prejudicado, poderá promover judicialmente a anulação deles.

> § 1º A consignação em pagamento prejudicará a anulação pleiteada.
>
> § 2º Sendo ilíquida a dívida, a sociedade poderá garantir-lhe a execução, suspendendo-se o processo de anulação.
>
> § 3º Ocorrendo, no prazo deste artigo, a falência da sociedade incorporadora, da sociedade nova ou da cindida, qualquer credor anterior terá direito a pedir a separação dos patrimônios, para o fim de serem os créditos pagos pelos bens das respectivas massas. (Brasil, 2002)

Tais disposições estão alinhadas com o teor da Lei das S.A., notadamente em seu art. 228:

> Art. 228. A fusão é a operação pela qual se unem duas ou mais sociedades para formar sociedade nova, que lhes sucederá em todos os direitos e obrigações.
>
> § 1º A assembleia-geral de cada companhia, se aprovar o protocolo de fusão, deverá nomear os peritos que avaliarão os patrimônios líquidos das demais sociedades.
>
> § 2º Apresentados os laudos, os administradores convocarão os sócios ou acionistas das sociedades para uma assembleia-geral, que deles tomará conhecimento e resolverá sobre a constituição definitiva da nova sociedade, vedado aos sócios ou acionistas votar o laudo de avaliação do patrimônio líquido da sociedade de que fazem parte.
>
> § 3º Constituída a nova companhia, incumbirá aos primeiros administradores promover o arquivamento e a publicação dos atos da fusão. (Brasil, 1976b)

Evidentemente, dada a complexidade da fusão, o Código Civil não enfrenta objetivamente todas as possibilidades e eventuais conflitos inerentes ao processo de fusão societária, tampouco esgota a matéria, em especial quando a fusão envolve sociedades empresárias constituídas por diferentes tipos societários.

Nesse contexto, o contrato social das sociedades limitadas pode prever expressamente a regência supletiva da Lei das S.A. em detrimento da aplicação das normas da sociedade simples, para resolver questões em que o Código Civil não seja suficiente. Dessa forma, a previsão expressa em cláusula no contrato social permite que a omissão do Código Civil seja suprida, em caráter supletivo, pelas normas da sociedade anônima, as quais devem ser aplicadas no lugar das normas das sociedades limitadas e das sociedades simples, que ordinariamente seriam aplicadas em caso de omissão nas normas que disciplinam as sociedades limitadas.

Tal possibilidade encontra respaldo no parágrafo único do art. 1.053 do Código Civil:

> Art. 1.053. A sociedade limitada rege-se, nas omissões deste Capítulo, pelas normas da sociedade simples.
>
> Parágrafo único. O contrato social poderá prever a regência supletiva da sociedade limitada pelas normas da sociedade anônima. (Brasil, 2002)

Em se tratando de fusão que envolva sociedade anônima, José Edwaldo Tavares Borba (2022) sustenta que eventual omissão pode justificar a aplicação da Lei das S.A. em caráter subsidiário, integrando-se as normas do Código Civil com as normas da Lei das S.A. e preenchendo-se eventuais espaços com os detalhados preceitos imperativos e os dispositivos previstos nesta última lei.

> Na área de bebidas e alimentos, podemos citar dois exemplos de grandes corporações que se reorganizaram societariamente por meio da fusão:
> - Em 1999, autorizada pelo Cade, a Companhia Antárctica e a Cervejaria Brahma se uniram, criando a Ambev (Ambev, 2024).
> - Em 2013, a Sadia e a Perdigão se concentraram, com a aprovação do Cade, criando a Brasil Foods (BRF) (Cade, 2019).

A fusão, como forma de reorganização societária, guarda semelhanças com o processo de incorporação, descrito no art. 1.116 do Código Civil e no art. 227 da Lei das S.A. Entretanto, a fusão apresenta diferenças relevantes em relação à incorporação.

A diferença mais importante está no fato de que **as sociedades que se fundem deixam de existir ao final da fusão**, pois o produto é a criação de uma nova sociedade empresária, que sucede as sociedades extintas em todos os direitos e obrigações e tem personalidade jurídica própria, distinta das referentes às sociedades que lhe deram origem, conforme prevê o art. 1.119 do Código Civil. Por sua vez, na incorporação, a sociedade incorporadora persiste, sucedendo as sociedades incorporadas em todos os seus direitos e obrigações, de acordo com o art. 1.116 do Código Civil.

O procedimento para a fusão tem **formalidades** que devem ser cumpridas em duas etapas.

A **primeira etapa** exige a realização de assembleia-geral em cada uma das sociedades que farão parte da reorganização societária. Na assembleia, o protocolo deve ser aprovado e devem ser nomeados os peritos responsáveis pela avaliação do patrimônio, nos termos do parágrafo 1º do art. 1.120 do Código Civil.

A avaliação demanda rigorosa observância da legislação contábil vigente à época da fusão, para apurar acervo patrimonial, inclusive com a identificação precisa dos ativos (bens/direitos/rendimentos financeiros) e passivos contábeis (obrigações/despesas/saídas de recursos financeiros), a serem apurados em balanço especialmente levantado para a fusão, em todas as empresas envolvidas.

O referido balanço deve apresentar a realidade econômica, financeira, fiscal e patrimonial das empresas e ser acompanhado de relatórios detalhados, com notas explicativas e planilhas que tragam os resultados correspondentes às apurações, de maneira clara, transparente e em conformidade com as normas contábeis vigentes.

Nesse sentido, recomenda-se realizar uma apuração minuciosa e diligente das finanças da empresa, recentes e dos últimos anos, inclusive as declarações de renda entregues ao fisco, com o objetivo de mensurar o fluxo de caixa, a regularidade no recolhimento de tributos, a existência de eventuais passivos financeiros e jurídicos (ações trabalhistas, previdenciárias, fiscais, cíveis, consumeristas e ambientais ou mesmo penhoras ou arrestos sobre bens imóveis, veículos ou direitos da empresa) e o crescimento patrimonial.

Não é admissível a existência de "caixa-preta" em uma operação societária. Agir com total transparência é fundamental, pois eventuais passivos das sociedades que se unem serão assumidos pela nova empresa, como suas obrigações jurídicas, conforme determina o art. 1.119 do Código Civil.

Tais providências, além de cumprirem a legislação e respeitarem o dever de agir de maneira diligente e de boa-fé, reduzem a probabilidade de discussões desnecessárias, desistência de uma das partes envolvidas no negócio ou arrependimento posterior à operação de fusão, situações que podem resultar em conflitos judiciais. Para tanto, a avaliação do patrimônio demanda a atuação de peritos contadores experientes, dada a complexidade técnica das apurações, e implica a necessidade de os valores serem fidedignos à realidade, evitando-se erros na avaliação das empresas, o que, em tese, pode causar prejuízo às partes diretamente envolvidas na operação e seus *stakeholders*.

Na **segunda etapa**, é convocada uma assembleia conjunta com as sociedades envolvidas no processo de fusão para votar a avaliação do patrimônio apurado pelos peritos. Aprovados os laudos de avaliação, é votada a constituição definitiva da nova sociedade empresária, nos termos do parágrafo 2º do art. 1.120 do Código Civil.

Aprovada a fusão, a nova sociedade deve eleger sua diretoria e, em seguida, realizar o arquivamento e a publicação de todos os atos relativos à fusão, identificando sócios ou acionistas e promovendo o devido registro no órgão competente, conforme determina o art. 1.121 do Código Civil.

> A nova sociedade sucede as sociedades fusionadas (que foram extintas) em todos os direitos e obrigações.

Borba (2022) esclarece que o capital da nova sociedade corresponde ao somatório dos patrimônios líquidos das sociedades fusionadas, e as ações representativas desse capital devem ser entregues proporcionalmente aos sócios das sociedades extintas por conta da fusão.

Se for aplicável o **Código Civil**, caso algum credor anterior se sinta prejudicado, poderá requerer judicialmente a anulação no prazo de até 90 dias após a publicação dos atos relativos à fusão, conforme autoriza o caput do art. 1.122 do referido código.

Se for aplicável a **Lei das S.A.**, caso algum credor anterior se sinta prejudicado, poderá pleitear judicialmente a anulação no prazo decadencial de 60 dias após a publicação dos atos relativos à fusão, de acordo com o art. 232 da Lei das S.A.

— 7.2.3 —
Cisão societária

Finalmente, a legislação societária brasileira prevê a possibilidade de uma empresa ser dividida, ou cindida, na denominação normalmente empregada em processos de cisão, em duas ou mais empresas, em uma operação de desconcentração empresarial, transferindo-se para elas seus direitos e obrigações. Essa operação é chamada de *cisão de sociedade* e resulta em duas ou mais parcelas patrimoniais, iguais ou não, representadas pelos respectivos ativos e passivos.

A cisão pode ser motivada por questões societárias, comerciais, financeiras, jurídicas e estratégicas que levem ao fracionamento da empresa. Se aprovada, as frações da empresa cindida devem ser transferidas para empresas preexistentes ou para uma ou mais empresas novas, criadas especificamente para assumir frações da empresa cindida, com objeto contratual e atuações específicas.

Apesar de ser mencionada no Capítulo X do Código Civil, a cisão não tem regramento próprio no referido código, diferentemente do que ocorre com a transformação, a incorporação e a fusão. Portanto, fica a cargo da Lei das S.A. regulamentá-la, nos termos do art. 229:

> Art. 229. A cisão é a operação pela qual a companhia transfere parcelas do seu patrimônio para uma ou mais sociedades, constituídas para esse fim ou já existentes, extinguindo-se a companhia cindida, se houver versão de todo o seu patrimônio, ou dividindo-se o seu capital, se parcial a versão.

§ 1º Sem prejuízo do disposto no artigo 233, a sociedade que absorver parcela do patrimônio da companhia cindida sucede a esta nos direitos e obrigações relacionados no ato da cisão; no caso de cisão com extinção, as sociedades que absorverem parcelas do patrimônio da companhia cindida sucederão a esta, na proporção dos patrimônios líquidos transferidos, nos direitos e obrigações não relacionados.

§ 2º Na cisão com versão de parcela do patrimônio em sociedade nova, a operação será deliberada pela assembleia-geral da companhia à vista de justificação que incluirá as informações de que tratam os números do artigo 224; a assembleia, se a aprovar, nomeará os peritos que avaliarão a parcela do patrimônio a ser transferida, e funcionará como assembleia de constituição da nova companhia.

§ 3º A cisão com versão de parcela de patrimônio em sociedade já existente obedecerá às disposições sobre incorporação (artigo 227).

§ 4º Efetivada a cisão com extinção da companhia cindida, caberá aos administradores das sociedades que tiverem absorvido parcelas do seu patrimônio promover o arquivamento e publicação dos atos da operação; na cisão com versão parcial do patrimônio, esse dever caberá aos administradores da companhia cindida e da que absorver parcela do seu patrimônio.

§ 5º As ações integralizadas com parcelas de patrimônio da companhia cindida serão atribuídas a seus titulares, em substituição às extintas, na proporção das que possuíam; a atribuição em proporção diferente requer aprovação de todos os titulares, inclusive das ações sem direito a voto. (Brasil, 1976b)

A cisão pode ser total ou parcial. Na **cisão total**, a sociedade cindida tem todo o seu patrimônio dividido e, ao final da operação, é extinta. Na **cisão parcial**, parte do patrimônio da sociedade cindida é transferida para uma nova empresa, constituída para esse propósito específico, ou para uma empresa já existente. Nesse segundo caso, a empresa parcialmente cindida preserva sua existência, em que pese a redução de seu patrimônio na proporção da cisão realizada.

Em ambas as hipóteses, o patrimônio da sociedade cindida pode ser transferido para empresas já constituídas, integrando-se o patrimônio da sociedade cindida ao patrimônio preexistente, ou para empresas novas, constituídas especificamente para receber o patrimônio da sociedade cindida.

Também se admite que o patrimônio da sociedade cindida, total ou parcialmente, seja repartido em partes iguais ou desiguais, destinadas a mais de uma empresa.

A cisão pode resolver conflitos entre sócios que estejam divergindo sobre os rumos da empresa, notadamente nas sociedades contratuais caracterizadas pela *affectio societatis*, em que tão importante quanto a vontade dos empreendedores de se unirem em prol de um projeto empresarial deve ser a vontade de permanecerem unidos.

Fragilizada a *affectio societatis* ou, no caso de sociedades institucionais, quando há divergência de interesses e decisões, para evitarem a dissolução da sociedade, os sócios ou acionistas podem valer-se da cisão, dividindo a sociedade de maneira proporcional às respectivas quotas ou ações, fracionando-a em duas ou mais empresas, conforme a quantidade de dissidentes e grupos. Certamente, estes se tornarão concorrentes, pois a tendência é que as empresas continuem explorando a mesma atividade (objeto social) e disputem o mesmo mercado.

A cisão ainda pode ser realizada em busca de vantagens sob o ponto de vista gerencial, já que, após a cisão, as empresas podem ser administradas com foco em sua atividade principal, com investimentos e esforços direcionados para obter o máximo de desempenho operacional, financeiro e comercial, a partir de um objeto social bem definido, em busca do fim social da empresa, que é a obtenção de lucro.

Na hipótese de uma área relevante da empresa crescer significativamente ou ser considerada um elemento acessório em relação à atividade principal, a divisão da empresa, com a separação da referida área para viabilizar a criação de nova empresa, pode assegurar autonomia administrativa e operacional, eliminando as inerentes restrições típicas de órgãos secundários em uma corporação (restrição para contratação de pessoal, limitação de recursos financeiros, poucos investimentos e baixa prioridade no atendimento de demandas em geral).

Um exemplo interessante de cisão parcial é o caso da companhia aérea Gol, que decidiu segregar de seu negócio principal, o serviço de transporte aéreo comercial, as atividades de seu programa de relacionamento e fidelidade Smiles. Antes da cisão parcial, o Smiles era o serviço de milhagens e recompensas ofertados aos clientes da companhia.

Em 2012, a Gol optou por separar as operações da companhia aérea daquelas de seu programa de recompensas, criando uma nova empresa, a Smiles Fidelidade S.A., que passou administrar com exclusividade o programa de recompensas.

Atualmente, a Smiles viabiliza o acúmulo de milhas por meio de inúmeros parceiros. Celebrou parcerias com bancos, administradoras de cartões de crédito, redes varejistas, hotéis, restaurantes, locadoras de automóveis, postos de combustíveis etc., promovendo o crescimento e a lucratividade de um negócio autônomo (Smiles, 2024).

A operação se mostrou acertada, especialmente do ponto de vista econômico, dado o seu crescimento desde a cisão. Entre as vantagens observadas, destacamos:

- A nova empresa adquiriu autonomia para captar recursos, formalizar convênios e celebrar contratos, expandindo sua operação para viabilizar o lucro.
- A Smiles se tornou uma importante parceira comercial da Gol, algo que se constata pelo acesso irrestrito à capacidade de ocupação nas aeronaves da Gol. Isso permite ofertar preços competitivos ao mercado consumidor, aumentar a taxa de ocupação dos aviões (uma elevada taxa de ocupação nas aeronaves é imprescindível para a viabilidade e a sustentabilidade econômica de companhias aéreas) e fornecer

> à Gol um importante mecanismo de ajuste entre oferta e demanda, especialmente diante de eventos externos desfavoráveis, como fatores econômicos conjunturais e atuação da concorrência.

A cisão agrega um leque de opções: cisão total, cisão parcial; divisão do patrimônio em duas ou mais partes, iguais ou não; destinação do patrimônio cindido para empresas novas, criadas especificamente para a cisão, ou incorporação do referido patrimônio em empresas preexistentes. Isso demanda uma análise cuidadosa dos interesses dos envolvidos na reorganização societária e a adequada interpretação da legislação aplicável ao caso.

Se a cisão tiver por objetivo **criar uma ou mais sociedades novas**, não é necessária a etapa do protocolo, pois todos os procedimentos são realizados pelos sócios da sociedade cindida, com total controle sobre a operação.

Se a cisão envolver a **transferência de parcelas patrimoniais** (valores ativos e passivos) para sociedades preexistentes, é necessária a realização da etapa de protocolo. A operação de cisão não deve trazer prejuízos às partes envolvidas e aos *stakeholders*, devendo-se observar que, além da divisão do patrimônio da sociedade cindida, também são divididas suas obrigações.

Independentemente da opção adotada, ainda que não seja realizado o procedimento do protocolo, Borba (2022) alerta que a assembleia-geral da sociedade que será cindida deve receber dos administradores informações detalhadas sobre a operação, até mesmo aquelas que normalmente constariam no protocolo. Concordamos com o autor, já que o protocolo envolve a prestação de informações sobre as condições em que a operação será realizada, inclusive no que tange à atribuição e à substituição de ações ou quotas do capital, com a respectiva avaliação, também chamada de *valuation*, mesmo que por estimativa. Tal providência, se realizada com a devida transparência, minimiza a possibilidade de desavenças entre sócios, as quais podem inviabilizar o negócio ou incorrer em litígios entre as partes envolvidas.

Decidindo-se pela cisão em assembleia, é preciso indicar peritos para elaborar um laudo de avaliação do patrimônio a ser transferido. Concluído o laudo pericial, uma nova assembleia deve ser convocada para analisá-lo e, estando de acordo, aprová-lo.

De acordo com o parágrafo 3º do art. 229 da Lei das S.A., realizada a cisão com incorporação em sociedades existentes, estas devem fazer as assembleias previstas para uma operação de incorporação, estabelecidas no art. 227 da referida lei, inclusive para aprovar o protocolo.

O parágrafo 5º do art. 229 da Lei das S.A. estabelece a regra da proporcionalidade, ou seja, as ações integralizadas com parcelas de patrimônio da companhia cindida devem ser atribuídas na mesma proporção da companhia extinta. Existe a possibilidade de proporções diferentes, contanto que todos os acionistas, inclusive os que não têm direito a voto, aprovem a medida por unanimidade. Borba (2022) afirma que, diante da dificuldade em se obter unanimidade, o que se tem praticado é a permuta de ações, a ser negociada individualmente entre os titulares, segundo a vontade pessoal de cada um.

Finalizada a cisão, as sociedades que absorverem parcelas do patrimônio da cindida a sucedem em direitos e obrigações relacionados no ato da cisão, nos termos da primeira parte do parágrafo 1º do art. 229 da Lei das S.A.

Na hipótese de obrigações e direitos não estarem relacionados com a cisão, permanecem com a sociedade primitiva.

Entretanto, se a cisão resultar na **extinção** da empresa cindida, as sociedades que absorverem parcelas do patrimônio da empresa cindida precisam assumir obrigações e direitos na mesma proporção dos patrimônios líquidos para elas deslocados, ainda que não estejam relacionados com a cisão, conforme estabelece a segunda parte do parágrafo 1º do art. 229 da Lei das S.A.

Com relação aos direitos dos credores na cisão, se esta extinguir a companhia cindida, as sociedades que absorverem parcelas de seu patrimônio serão solidariamente responsáveis pelas obrigações da companhia extinta, de acordo com o art. 233 da Lei das S.A.

> Art. 233. Na cisão com extinção da companhia cindida, as sociedades que absorverem parcelas do seu patrimônio responderão solidariamente pelas obrigações da companhia extinta. A companhia cindida que subsistir e as que absorverem parcelas do seu patrimônio responderão solidariamente pelas obrigações da primeira anteriores à cisão.

Parágrafo único. O ato de cisão parcial poderá estipular que as sociedades que absorverem parcelas do patrimônio da companhia cindida serão responsáveis apenas pelas obrigações que lhes forem transferidas, sem solidariedade entre si ou com a companhia cindida, mas, nesse caso, qualquer credor anterior poderá se opor à estipulação, em relação ao seu crédito, desde que notifique a sociedade no prazo de 90 (noventa) dias a contar da data da publicação dos atos da cisão. (Brasil, 1976b)

Ao impor as consequências gravosas da **responsabilidade solidária**, prevista entre os arts. 264 e 285 do Código Civil, o art. 233 protege os direitos dos credores da sociedade cindida e extinta, pois tal regra pretende minimizar o risco de serem prejudicados com a cisão no que se refere ao crédito anterior à operação.

A mesma regra de solidariedade se impõe na cisão parcial. Nesse caso, tanto a empresa cindida quanto as empresas que vierem a absorver parcelas de seu patrimônio são solidariamente responsáveis pelas obrigações da empresa cindida anteriores à cisão.

Sem dúvida, a solidariedade é uma obrigação cível que envolve uma grande responsabilidade, com elevado grau de risco para as empresas que assumem parcela do patrimônio de uma empresa cindida, notadamente quando a parte assumida representa um pequeno percentual do patrimônio da empresa cindida.

Para minimizar esse risco, o parágrafo único do art. 233 da Lei das S.A. permite, na cisão parcial, que as sociedades que absorverem parcelas do patrimônio da companhia cindida sejam responsáveis exclusivamente pelas obrigações assumidas, sem solidariedade entre si ou com a companhia cindida.

Considerando-se que os efeitos inerentes à regra de solidariedade são potencialmente prejudiciais aos interesses das empresas que adquirem parcelas de sociedades cindidas, é preciso certificar-se de que a sociedade cindida está sendo minuciosamente avaliada. Isso significa uma especial atenção na análise do acervo patrimonial e dos relatórios financeiros da sociedade cindida, especialmente balanços patrimoniais, com rigorosa análise de passivos e obrigações.

Aos credores da sociedade cindida cabe o dever de acompanhar diligentemente as informações periodicamente prestadas pela administração superior da sociedade, sobretudo aquelas que dizem respeito a futuras operações de transformação societária, como é o caso da cisão. Não por acaso, a Lei das S.A. determina que a operação de cisão seja precedida por deliberação em **assembleia-geral extraordinária**, com votação por quórum qualificado, nos termos do art. 136, inciso IX.

A convocação para a assembleia-geral extraordinária deve seguir as formalidades relativas à sua divulgação, com edital da convocação que traga informações precisas quanto a local, data, hora e ordem do dia, constando toda a matéria a ser debatida, principalmente quando se pretender alterar o estatuto ou contrato social, inclusive com a indicação da operação societária pretendida.

Dessa forma, é fornecido aos sócios o máximo possível de informações para que seja possível analisar adequadamente a proposta. Tais atos devem ser devidamente publicados e arquivados, viabilizando a adequada consulta do que for deliberado, votado e eventualmente aprovado.

Com a ciência da operação de cisão, o credor pode exercer seu direito de oposição no que se refere ao seu crédito, notificando a sociedade no prazo de 90 dias, contados a partir da data da publicação dos atos da cisão, nos termos do parágrafo único do art. 233 da Lei das S.A. O exercício tempestivo desse direito por parte do credor afasta a possibilidade de a empresa que está adquirindo parcela patrimonial da empresa cindida restringir sua responsabilidade quanto ao referido crédito, devendo assumir a responsabilidade solidária pelo pagamento.

Por outro lado, se a cisão estipular que as sociedades que absorverão parcelas do patrimônio cindido assumirão apenas as obrigações que lhes forem transferidas, sem solidariedade, e não se opondo o credor ao estipulado no prazo legal, observadas as formalidades prevista na Lei das S.A., o credor correrá o risco de não ter seu crédito incluído na regra da solidariedade para a sociedade adquirente de parcela patrimonial da sociedade cindida, imposta pelo caput do art. 233 da Lei das S.A.

No entanto, constatada e provada, por meio de auditoria e perícia contábil, a realização de práticas fraudulentas ou de "contabilidade criativa" no processo de cisão que levem à alteração da realidade financeira, patrimonial e obrigacional da empresa cindida ou identificada alguma operação que vise transferir parcela desproporcional de dívidas para a empresa que adquire parcela do patrimônio da sociedade cindida, omitindo-se dolosamente informações relevantes aptas a causar prejuízo a credores e promover o enriquecimento ilícito dos devedores, ao deixar de assumir a adequada parcela do passivo da sociedade cindida, fica caracterizada a **ilicitude** na operação de cisão.

Nessa hipótese, o credor pode requerer o afastamento da regra de exclusão de responsabilidade, independentemente do prazo de 90 dias, buscando a inclusão da solidariedade quanto ao seu crédito.

Capítulo 8

Sociedades dependentes de autorização

De acordo com Sérgio Campinho (2023a), há atividades que, antes de serem exercidas pela sociedade empresária, requerem autorização prévia do Poder Executivo federal para seu regular funcionamento. No caso de sociedade estrangeira, independentemente de seu objeto empresarial, sempre será exigida autorização.

O regramento legal para as sociedades dependentes de autorização tem previsão no Código Civil, entre os arts. 1.123 e 1.141, que contêm disposições gerais e diretrizes para sociedades nacionais e estrangeiras.

Entretanto, o Código Civil não esgota o tema, visto que há necessidade de executar as diretrizes nele estabelecidas. Para tanto, o Decreto n. 11.497, de 20 de abril de 2023, define que compete ao ministro do Desenvolvimento, Indústria, Comércio e Serviços decidir e praticar os atos de autorização de funcionamento no país de sociedade estrangeira, como aprovação de modificação no contrato ou estatuto social, nacionalização e cassação de autorização de funcionamento.

De acordo com o art. 1.125 do Código Civil, o Poder Executivo pode cassar a autorização concedida a qualquer momento, caso a pessoa jurídica nacional ou estrangeira descumpra norma de ordem pública ou pratique atos contrários aos fins declarados em estatuto.

Concedida a autorização, a sociedade deve entrar em funcionamento no prazo estabelecido em lei ou decreto. Na ausência de prazo, este será de 12 meses, contados a partir da publicação da autorização, nos termos do art. 1.124 do Código Civil.

Não sendo iniciada a sociedade no prazo, a autorização poderá ser cassada por caducidade.

Campinho (2023a, p. 118) destaca atividades que demandam autorização de funcionamento por parte do Poder Executivo federal:

> a) instituições financeiras (art. 18 da Lei n. 4.595/64);
>
> b) sociedades que tenham por objeto a subscrição para revenda e a distribuição no mercado de títulos ou valores mobiliários (art. 11 da Lei n. 4.728/65);
>
> c) sociedades de investimento cujo objeto seja a aplicação de capital em carteira diversificada de títulos ou valores mobiliários ou a administração de fundos em condomínio ou de terceiros, para aplicação em carteira diversificada de títulos ou valores mobiliários (art. 49 da Lei n. 4.728/65);
>
> d) sociedades equiparadas às instituições financeiras para efeitos legais, tais como os estabelecimentos bancários oficiais ou privados, as sociedades de crédito, financiamento e investimentos, as caixas econômicas e as sociedades que efetuam distribuição de prêmios em imóveis, mercadorias ou dinheiro, mediante sorteio de títulos de sua emissão ou por qualquer forma (§ 1º do art. 18 da Lei n. 4.595/64), bem como as administradoras de consórcio e as sociedades de leasing (vide Recurso Especial n. 1.646/RJ, Recurso Especial n. 255.999/RS, entre outros);
>
> e) sociedades seguradoras (art. 74 do Decreto-Lei n. 73/66);
>
> f) operadoras de planos e seguros privados de assistência à saúde (art. 8º da Lei n. 9.656/98);
>
> g) bancos de investimento de natureza privada (art. 29 da Lei n. 4.728/65).

Para as atividades mencionadas, a exigência de autorização de funcionamento pelo ministro do Desenvolvimento, Indústria, Comércio e Serviços decorre da natureza do negócio e do respectivo objeto social (instituições financeiras, bancos, seguradoras e planos de saúde), dado que sua atuação envolve setores estratégicos, de grande relevância social e econômica.

Além disso, para proteger os interesses do Estado e da sociedade, o Poder Executivo pode condicionar a autorização para a produção de determinados itens e a prestação de serviços a eles inerentes, quando tais interesses possam ser colocados em risco. É o caso dos produtos controlados e da respectiva prestação de serviços (por exemplo, produtos químicos, armas, munições e veículos blindados).

Nesse sentido, o Decreto n. 10.030, de 30 de setembro de 2019, estabelece um regulamento específico para a fabricação de produtos controlados, com rigorosas diretrizes e condições para a importação, a produção e a exportação, além de regras para a comercialização no mercado interno.

— 8.1 —
Sociedade nacional

De acordo com o art. 1.126 do Código Civil, considera-se como sociedade nacional aquela organizada em conformidade com a lei brasileira e que tenha no país a sede de sua administração.

Portanto, conforme o Código Civil, caracteriza-se como sociedade nacional aquela que apresenta estes três elementos

1. constituição da empresa sob a lei brasileira;
2. sede social no Brasil;
3. administração da empresa no Brasil.

A ausência de qualquer um desses elementos resulta na classificação da sociedade como estrangeira, conforme veremos mais adiante.

> O art. 1.127 do Código Civil autoriza a mudança de sociedade nacional para sociedade estrangeira, contanto que todos os sócios estejam de acordo.

O Poder Executivo federal pode **autorizar o funcionamento** de sociedade nacional desde que todas as condições estabelecidas em lei sejam adequadamente cumpridas. Para isso, o art. 1.128 do Código Civil estabelece que o requerimento de autorização deve apresentar cópia do contrato assinada por todos os sócios ou, tratando-se de sociedade anônima, cópia autenticada assinada pelos fundadores dos documentos exigidos pela Lei das S.A. Caso a sociedade tenha sido constituída por escritura pública, basta anexar ao requerimento a respectiva certidão.

O Poder Executivo pode **recusar a autorização** se a sociedade não atender às condições econômicas, financeiras ou jurídicas especificadas em lei.

As exigências dependem da natureza da atividade a ser explorada comercialmente, a exemplo dos critérios exigidos para bancos, seguradoras, planos de saúde e produtos controlados. O Poder Executivo também pode exigir alterações no contrato ou estatuto social, visando ao adequado cumprimento de formalidades legais.

Somente após a expedição do decreto de autorização é que a sociedade poderá publicar o contrato ou estatuto social no órgão oficial da União, para o devido registro de seus atos constitutivos. Na sequência, poderá juntá-lo aos demais documentos necessários perante o Registro Público de Empresas Mercantis (junta comercial).

Qualquer mudança no contrato ou estatuto social (exceto aumento do capital social, utilização de reservas ou reavaliação do ativo) depende de autorização do Poder Executivo.

— 8.2 —
Sociedade estrangeira

Classifica-se como sociedade estrangeira aquela estabelecida de acordo com a lei estrangeira e cuja sede de administração se situe fora do Brasil.

Diferentemente do que se aplica à sociedade nacional, a sociedade estrangeira deve obter autorização do Poder Executivo federal para atuar no Brasil, mesmo que por estabelecimentos subordinados à matriz estrangeira (agências, filiais ou sucursais) e independentemente de seu objeto social.

O art. 1.134 do Código Civil permite que a sociedade estrangeira seja acionista de sociedade anônima brasileira.

O Enunciado 486 do Conselho da Justiça Federal (CJF, 2024e), apresentado na V Jornada de Direito Civil, admite a participação de sociedade estrangeira em sociedade de outros tipos societários, dispensando a autorização do Poder Executivo. Nesse caso, a sociedade estrangeira participa, como sócia ou acionista, de outras sociedades brasileiras, atuando de maneira indireta junto à sociedade nacional, algo diferente de se estabelecer como sociedade de maneira autônoma e direta no Brasil.

A atuação indireta de sociedade estrangeira como sócia ou acionista de sociedade nacional encontra restrições em virtude de fatores relativos à segurança ou ao interesse nacional, previstos na Constituição Federal de 1988, notadamente no parágrafo único dos arts. 170 e 172:

> Art. 170. A ordem econômica, fundada na valorização do trabalho humano e na livre iniciativa, tem por fim assegurar a todos existência digna, conforme os ditames da justiça social, observados os seguintes princípios:

[...]

Parágrafo único. É assegurado a todos o livre exercício de qualquer atividade econômica, independentemente de autorização de órgãos públicos, salvo nos casos previstos em lei.

[...]

Art. 172. A lei disciplinará, com base no interesse nacional, os investimentos de capital estrangeiro, incentivará os reinvestimentos e regulará a remessa de lucros. (Brasil, 1988)

Segundo Campinho (2023a), as **restrições** estabelecidas pela Constituição se apresentam de maneira expressa, proibindo a atuação estrangeira em determinados setores econômicos, e de maneira genérica, sinalizando que a lei regulará o exercício da atividade por sociedade estrangeira. O autor exemplifica as restrições impostas às sociedades estrangeiras citando as seguintes atividades econômicas estratégicas:

- pesquisa e exploração de recursos minerais, bem como aproveitamento de seus potenciais e de energia hidráulica – essas atividades só podem ser realizadas, mediante autorização ou concessão da União, por brasileiros ou sociedades nacionais (parágrafo 1º do art. 176 da Constituição);
- prestação de serviços de transporte aquático por embarcações estrangeiras (parágrafo único do art. 178 da Constituição);
- participação do capital estrangeiro nas instituições que integram o sistema financeiro nacional;
- participação direta ou indireta de sociedades ou capitais estrangeiros na assistência à saúde no país (planos de saúde

suplementar), ressalvados os casos expressamente previstos em lei (parágrafo 3º do art. 199 da Constituição);

- propriedade de empresa jornalística e de radiodifusão sonora e de sons e imagens – só podem ser proprietários exclusivamente brasileiros natos ou naturalizados há mais de dez anos ou pessoas jurídicas constituídas sob as leis brasileiras e que tenham sede no país; o mesmo vale para a gestão das atividades e a definição do conteúdo da programação (art. 222, caput e parágrafo primeiro, da Constituição, com redação determinada pela Emenda Constitucional n. 36/2002);
- aquisição ou arrendamento de propriedade rural por pessoa jurídica ou física estrangeira (pode sofrer limitações e depender de autorização do Congresso Nacional, conforme art. 190 da Constituição).

Não estando a atividade econômica enquadrada nas hipóteses restritivas previstas na Constituição, a sociedade estrangeira pode obter autorização do Poder Executivo, de acordo com o parágrafo 1º do art. 1.134 do Código Civil, contanto que apresente os seguintes documentos:

> Art. 1.134. [...]
>
> [...]
>
> I – prova de se achar a sociedade constituída conforme a lei de seu país;
>
> II – inteiro teor do contrato ou do estatuto;

III – relação dos membros de todos os órgãos da administração da sociedade, com nome, nacionalidade, profissão, domicílio e, salvo quanto a ações ao portador, o valor da participação de cada um no capital da sociedade;

IV – cópia do ato que autorizou o funcionamento no Brasil e fixou o capital destinado às operações no território nacional;

V – prova de nomeação do representante no Brasil, com poderes expressos para aceitar as condições exigidas para a autorização;

VI – último balanço. (Brasil, 2002)

A rigor, a sociedade estrangeira recebe autorização para atuar no Brasil depois de demonstrar regularidade em seu país de origem. Ademais, deve identificar seus órgãos administrativos, gestores e sócios, nomeando um representante legal no Brasil, com plenos poderes para aceitar as condições nas quais é dada a autorização e para tratar e resolver quaisquer questões, inclusive ser citado e demandado em nome da sociedade, nos termos do inciso V, parágrafo 2º, do art. 1º da Instrução Normativa DREI n. 77, de 18 de março de 2020, do Ministério da Economia, que trata dos pedidos de autorização para funcionamento de sociedade empresária estrangeira no Brasil.

O representante da sociedade estrangeira pode ser estrangeiro desde que tenha residência e domicílio no Brasil.

Tais atos são necessários para que se possa atribuir responsabilidade jurídica à sociedade estrangeira pelos atos praticados no exercício da atividade empresarial. Com a identificação de representantes legais e gestores, a sociedade estrangeira pode receber citações e intimações na eventual existência de processo judicial ou administrativo referente à sua atuação em território nacional, sujeitando-se formalmente às leis brasileiras, nos termos dos arts. 1.137 e 1.138 do Código Civil.

Não por acaso, é muito frequente a ocorrência de situações em que cidadãos brasileiros celebram contratos *on-line* (por aplicativos de celular e *sites* hospedados em domínios no exterior) com sociedades estrangeiras que não estão devidamente autorizadas para atuar no Brasil (*marketplaces*, *sites* de jogos e apostas etc.). Nesse cenário, quando surge um problema na relação de consumo, pertinente à prestação de serviço, à entrega de produto ou ao pós-venda, o consumidor encontra dificuldade para fazer valer seus direitos. Ao buscar auxílio administrativo (Procon, Portal do Consumidor) ou judicial (juizados especiais), tais órgãos não conseguem citar as empresas envolvidas, justamente porque não estão sediadas no Brasil, tampouco estabeleceram escritório ou designaram representante legal no país.

Não raramente, o Estado nada consegue fazer nesses casos pelas vias processuais ordinárias, pois a relação processual sequer se forma, haja vista a impossibilidade da citação, restando o prejuízo ao cidadão.

De acordo com o parágrafo 2º do art. 1.134 do Código Civil, documentos estrangeiros precisam ser autenticados, legalizados no consulado brasileiro da respectiva sede e acompanhados de cópia traduzida em língua portuguesa, elaborada por tradutor juramentado regularmente inscrito na junta comercial.

> Segundo o art. 1.135 do Código Civil, o Poder Executivo pode sujeitar a concessão da autorização a condições que promovam a defesa dos interesses nacionais.

Aceitas e cumpridas pela sociedade estrangeira as condições impostas, o Poder Executivo expede decreto de autorização, que menciona o capital destinado às operações no país, devendo a sociedade publicar os atos referidos no art. 1.131 e no parágrafo 1º do art. 1.134 do Código Civil.

Além de dever obter previamente a autorização de funcionamento, a sociedade estrangeira não pode iniciar suas atividades antes de obter o registro próprio do local em que pretende se estabelecer, cumprindo os requisitos legais referentes à apresentação de documentos e à realização de providências descritas no parágrafo único do art. 1.135 do Código Civil.

Arquivados tais documentos, a inscrição é feita por termo em livro especial para as sociedades estrangeiras, devendo tal termo conter:

- nome, objeto, duração e sede da sociedade no estrangeiro;
- local da sucursal, filial ou agência no Brasil;
- data e número do decreto de autorização;
- capital destinado às operações no território brasileiro;
- individuação do representante permanente.

Obtida a autorização, a sociedade estrangeira fica formalmente sujeita às leis e aos tribunais brasileiros, quanto aos atos ou operações realizados no Brasil, devendo utilizar o nome que usa em seu país de origem. A seu critério, pode acrescentar as expressões *Brasil*, *do Brasil* ou *para o Brasil*. É o caso destas sociedades estrangeiras: Ford Motor Company Brasil Ltda.; General Motors do Brasil Ltda.; LG Electronics do Brasil Ltda.; Apple Computer Brasil Ltda.; Microsoft do Brasil Importação e Comércio de Software e Video Games Ltda.; Allianz Brasil Seguradora S.A.

> A menção ao Brasil no nome de sociedades estrangeiras é facultativa. Algumas adotam outra nomenclatura, para fazer referência ao nosso país, como é o caso da Samsung Eletrônica da Amazônia Ltda.

Caso a sociedade estrangeira queira modificar seu contrato ou estatuto social, tal alteração dependerá da aprovação do Poder Executivo, para que os pretendidos efeitos sejam produzidos no Brasil.

Para abrir estabelecimentos subordinados à matriz estrangeira (filiais, agências ou sucursais), a sociedade estrangeira deve realizar o devido registro perante a junta comercial, inclusive do estado onde estiver situado o estabelecimento subordinado, caso se situe em outro estado da Federação.

De acordo com Campinho (2023a), a sociedade estrangeira também fica sujeita à apresentação de informações contábeis, publicando o balanço patrimonial e de resultado econômico, bem como dos atos de sua administração e de seus estabelecimentos subordinados.

No caso de a empresa estrangeira admitida no Brasil querer se nacionalizar, pode fazê-lo mediante autorização do Poder Executivo, transferindo sua sede para o Brasil, conforme autoriza o art. 1.141 do Código Civil. Para tanto, deve apresentar os documentos exigidos no art. 1.134 do Código Civil, provando a realização do capital na forma declarada no contrato ou estatuto social e do ato em que foi deliberada a nacionalização.

Se necessário, o Poder Executivo pode impor condições convenientes à defesa dos interesses nacionais. Aceitas tais condições pelo representante da sociedade estrangeira, após a expedição do decreto de autorização, são realizadas a inscrição da sociedade e a publicação do respectivo termo, nacionalizando-a.

Considerações finais

Ao longo desta obra, enfatizamos a adequada contextualização do direito societário com cenários jurídicos e econômicos atuais, abordando os direitos e deveres de sociedades empresárias e dos respectivos sócios.

Para tanto, iniciamos com a análise da constituição de sociedade empresária e a função social do contrato de sociedade, dada a sua relevância na promoção do desenvolvimento econômico e social.

Destacamos os tipos societários previstos na legislação brasileira, especialmente a sociedade limitada e a sociedade anônima, para permitir a compreensão das características essenciais de cada tipo societário.

Abordamos os regimes de responsabilidade jurídica dos sócios, a depender do tipo societário adotado, e os requisitos legais para a tomada de decisões sociais.

Também analisamos os institutos e os tipos societários clássicos do direito societário, bem como as inovações legislativas criadas para oportunizar o empreendedorismo inovador, tais como o marco legal das startups e o Inova Simples, e para aumentar a eficiência de organizações economicamente e socialmente relevantes, como os times de futebol profissional, por meio da sociedade anônima do futebol.

Considerando que empresas são fechadas por decisão dos sócios ou em virtude de fatores externos indesejados, como a falência, examinamos ainda os aspectos estruturantes da regular dissolução e liquidação de sociedades.

Ao tratarmos das operações societárias previstas na legislação brasileira, mostramos que as sociedades podem se transformar e se reorganizar, a depender de suas estratégias de crescimento econômico ou da necessidade de se manterem eficientes e lucrativas, em um mercado globalizado cada vez mais competitivo.

Encerramos nossa abordagem com os requisitos legais para a adequada constituição de sociedades que dependem de autorização, nacionais e estrangeiras.

Por fim, recomendamos o acompanhamento das decisões de órgãos administrativos com grande relevância para o estudo do direito societário, como o Conselho Administrativo de Defesa Econômica (Cade), pois ofertam ao leitor uma análise detalhada de operações de transformações societárias, o que certamente facilitará a adequada compreensão, sob um viés prático, dos conceitos aqui introduzidos.

Também sugerimos que se conheçam as instruções normativas, os ofícios circulares e as decisões recursais do Departamento Nacional de Registro Empresarial e Integração (DREI), bem como os atos decisórios das juntas comerciais dos estados da Federação, pois são decisões administrativas relacionadas à abertura, à transformação e ao fechamento de sociedades empresárias. Essa leitura possibilitará uma percepção de aspectos essencialmente práticos do direito societário, contextualizando-os em casos reais.

Para além da compreensão dos institutos clássicos e da legislação inerente ao direito societário, esperamos que a leitura tenha despertado a atenção do leitor para novos temas inerentes ao direito societário, de grande relevância jurídica, econômica e social, como a necessidade de criação nas sociedades empresárias de programas de integridade corporativa, *compliance*, da prevalência da ética nos negócios e a adoção da responsabilidade social empresarial, em observância às premissas do desenvolvimento sustentável.

Referências

AMBEV. **Histórico**. Disponível em: <https://ri.ambev.com.br/visao-geral/historico/>. Acesso em: 24 jan. 2024.

ARAUJO, J. de S. **Direito cibernético**. Curitiba: Uninter, 2021. Guia de estudo.

ARAUJO, J. de S. Juizados especiais. In: VENERAL, D. C. (Org.). **Juizados especiais, processo de conhecimento e processo eletrônico**. 2. ed. Curitiba: InterSaberes, 2017. p. 15-152.

ARAUJO, J. de S. **Legislação, ética e conformidade**. Curitiba: Uninter, 2022. Guia de estudo.

ARAUJO, J. de S.; VETORAZZI, K. M. A sustentabilidade de produtos e serviços enquanto pré-requisito ao consumo consciente. **Revista de Direito Econômico e Socioambiental**, Curitiba, v. 1, n. 1, p. 109-126, jan./jun. 2010. Disponível em: <https://periodicos.pucpr.br/direitoeconomico/article/view/6197>. Acesso em: 24 jan. 2024.

BANCO DO BRASIL. **Composição acionária**. Disponível em: <https://ri.bb.com.br/o-banco-do-brasil/composicao-acionaria/>. Acesso em: 24 jan. 2024.

BORBA, J. E. T. **Direito societário**. 19. ed. Barueri: Atlas, 2022.

BRASIL. Comitê para Gestão da Rede Nacional para a Simplificação do Registro e da Legalização de Empresas e Negócios. Resolução CGSIM n. 55, de 23 de março de 2020. **Diário Oficial da União**, Brasília, DF, 24 mar. 2020a. Disponível em: <https://www.gov.br/mdic/pt-br/assuntos/drei/cgsim/arquivos/Resoluo552020alteradapela6268de2022.pdf>. Acesso em: 30 jan. 2024.

BRASIL. Constituição (1988). **Diário Oficial da União**, Brasília, DF, 5 out. 1988. Disponível em: <http://www.planalto.gov.br/ccivil_03/constituicao/constituicao.htm>. Acesso em: 24 jan. 2024.

BRASIL. Constituição (1988). Emenda Constitucional n. 16, de 4 de junho de 1997. **Diário Oficial da União**, Poder Legislativo, Brasília, DF, 5 jun. 1997. Disponível em: <http://www.planalto.gov.br/ccivil_03/constituicao/emendas/emc/emc16.htm>. Acesso em: 24 jan. 2024.

BRASIL. Decreto-Lei n. 5.452, de 1º de maio de 1943. **Diário Oficial da União**, Poder Executivo, Brasília, DF, 9 ago. 1943. Disponível em: <http://www.planalto.gov.br/ccivil_03/decreto-lei/del5452.htm>. Acesso em: 24 jan. 2024.

BRASIL. Decreto n. 8.777, de 11 de maio de 2016. **Diário Oficial da União**, Poder Executivo, Brasília, DF, 12 maio 2016. Disponível em: <http://www.planalto.gov.br/ccivil_03/_ato2015-2018/2016/decreto/d8777.htm>. Acesso em: 24 jan. 2024.

BRASIL. Decreto n. 10.030, de 30 de setembro de 2019. **Diário Oficial da União**, Poder Executivo, Brasília, DF, 30 set. 2019a. Disponível em: <https://www.planalto.gov.br/ccivil_03/_ato2019-2022/2019/decreto/d10030.htm>. Acesso em: 24 jan. 2024.

BRASIL. Decreto n. 11.497, de 20 de abril de 2023. **Diário Oficial da União**, Poder Executivo, Brasília, DF, 24 abr. 2023. Disponível em: <https://www.planalto.gov.br/ccivil_03/_ato2023-2026/2023/decreto/D11497.htm#:~:text=DECRETO%20N%C2%BA%2011.497%2C%20DE%2020,de%20sociedade%20estrangeira%20no%20Pa%C3%ADs>. Acesso em: 24 jan. 2024.

BRASIL. Lei n. 5.764, de 16 de dezembro de 1971. **Diário Oficial da União**, Poder Executivo, Brasília, DF, 16 dez. 1971. Disponível em: <https://www.planalto.gov.br/ccivil_03/leis/l5764.htm>. Acesso em: 24 jan. 2024.

BRASIL. Lei n. 6.204, de 13 de março de 1974. **Diário Oficial da União**, Poder Executivo, Brasília, DF, 13 mar. 1974. Disponível em: <https://www.planalto.gov.br/ccivil_03/leis/l6024.htm>. Acesso em: 24 jan. 2024.

BRASIL. Lei n. 6.385, de 7 de dezembro de 1976. **Diário Oficial da União**, Poder Executivo, Brasília, DF, 9 dez. 1976a. Disponível em: <https://www.planalto.gov.br/ccivil_03/leis/l6385.htm>. Acesso em: 30 jan. 2024.

BRASIL. Lei n. 6.404, de 15 de dezembro de 1976. **Diário Oficial da União**, Poder Executivo, Brasília, DF, 17 dez. 1976b. Disponível em: <https://www.planalto.gov.br/ccivil_03/leis/l6404consol.htm>. Acesso em: 30 jan. 2024.

BRASIL. Lei n. 7.492, de 16 de junho de 1986. **Diário Oficial da União**, Poder Legislativo, Brasília, DF, 18 jun. 1986. Disponível em: <https://www.planalto.gov.br/ccivil_03/leis/l7492.htm>. Acesso em: 30 jan. 2024.

BRASIL. Lei n. 8.078, de 11 de setembro de 1990. **Diário Oficial da União**, Poder Legislativo, Brasília, DF, 12 set. 1990. Disponível em: <https://www.planalto.gov.br/ccivil_03/leis/l8078compilado.htm>. Acesso em: 30 jan. 2024.

BRASIL. Lei n. 8.672, de 6 de julho de 1993. **Diário Oficial da União**, Poder Executivo, Brasília, DF, 7 jul. 1993. Disponível em: <https://www.planalto.gov.br/ccivil_03/leis/l8672.htm>. Acesso em: 30 jan. 2024.

BRASIL. Lei n. 8.906, de 4 de julho de 1994. **Diário Oficial da União**, Poder Legislativo, Brasília, DF, 5 jul. 1994a. Disponível em: <https://www.planalto.gov.br/ccivil_03/leis/l8906.htm>. Acesso em: 30 jan. 2024.

BRASIL. Lei n. 8.934, de 18 de novembro de 1994. **Diário Oficial da União**, Poder Executivo, Brasília, DF, 21 nov. 1994b. Disponível em: <http://www.planalto.gov.br/ccivil_03/leis/l8934.htm>. Acesso em: 30 jan. 2024.

BRASIL. Lei n. 9.099, de 26 de setembro de 1995. **Diário Oficial da União**, Poder Legislativo, Brasília, DF, 27 set. 1995. Disponível em: <http://www.planalto.gov.br/ccivil_03/leis/L9099.htm>. Acesso em: 30 jan. 2024.

BRASIL. Lei n. 9.279, de 14 de maio de 1996. **Diário Oficial da União**, Poder Executivo, Brasília, DF, 15 maio 1996. Disponível em: <http://www.planalto.gov.br/ccivil_03/leis/l9279.htm>. Acesso em: 30 jan. 2024.

BRASIL. Lei n. 9.608, de 18 de fevereiro de 1998. **Diário Oficial da União**, Poder Legislativo, Brasília, DF, 19 fev. 1998a. Disponível em: <http://www.planalto.gov.br/ccivil_03/leis/l9608.htm>. Acesso em: 24 jan. 2024.

BRASIL. Lei n. 9.615, de 24 de março de 1998. **Diário Oficial da União**, Poder Legislativo, Brasília, DF, 25 mar. 1998b. Disponível em: <https://www.planalto.gov.br/ccivil_03/leis/l9615consol.htm>. Acesso em: 30 jan. 2024.

BRASIL. Lei n. 9.981, de 14 de julho de 2000. **Diário Oficial da União**, Poder Executivo, Brasília, DF, 17 jul. 2000. Disponível em: <https://www.planalto.gov.br/ccivil_03/leis/l9981.htm>. Acesso em: 30 jul. 2024.

BRASIL. Lei n. 10.406, de 10 de janeiro de 2002. **Diário Oficial da União**, Poder Legislativo, Brasília, DF, 11 jan. 2002. Disponível em: <https://www.planalto.gov.br/ccivil_03/leis/2002/l10406compilada.htm>. Acesso em: 30 jan. 2024.

BRASIL. Lei n. 11.101, de 9 de fevereiro de 2005. **Diário Oficial da União**, Poder Executivo, Brasília, DF, 9 fev. 2005. Disponível em: <https://www.planalto.gov.br/ccivil_03/_ato2004-2006/2005/lei/l11101.htm>. Acesso em: 30 jan. 2024.

BRASIL. Lei n. 12.529, de 30 de novembro de 2011. **Diário Oficial da União**, Poder Legislativo, Brasília, DF, 2 dez. 2011. Disponível em: <https://www.planalto.gov.br/ccivil_03/_ato2011-2014/2011/lei/l12529.htm>. Acesso em: 30 jan. 2024.

BRASIL. Lei n. 12.846, de 1º de agosto de 2013. **Diário Oficial da União**, Poder Executivo, Brasília, DF, 2 ago. 2013. Disponível em: <https://www.planalto.gov.br/ccivil_03/_ato2011-2014/2013/lei/l12846.htm>. Acesso em: 30 jan. 2024.

BRASIL. Lei n. 13.105, de 16 de março de 2015. **Diário Oficial da União**, Poder Legislativo, Brasília, DF, 17 mar. 2015. Disponível em: <https://www.planalto.gov.br/ccivil_03/_ato2015-2018/2015/lei/l13105.htm>. Acesso em: 30 jan. 2024.

BRASIL. Lei n. 14.193, de 6 de agosto de 2021. **Diário Oficial da União**, Poder Legislativo, Brasília, DF, 6 dez. 2021a. Disponível em: <https://www.planalto.gov.br/ccivil_03/_ato2019-2022/2021/lei/l14193.htm>. Acesso em: 30 jan. 2024.

BRASIL. Lei Complementar n. 123, de 14 de dezembro de 2006. **Diário Oficial da União**, Poder Legislativo, Brasília, DF, 15 dez. 2006a. Disponível em: <http://www.planalto.gov.br/ccivil_03/leis/lcp/Lcp123.htm>. Acesso em: 30 jan. 2024.

BRASIL. Lei Complementar n. 167, de 24 de abril de 2019. **Diário Oficial da União**, Poder Legislativo, Brasília, DF, 25 abr. 2019b. Disponível em: <https://www.planalto.gov.br/ccivil_03/leis/lcp/lcp167.htm>. Acesso em: 30 jan. 2024.

BRASIL. Lei Complementar n. 182, de 1º de junho de 2021. **Diário Oficial da União**, Poder Executivo, Brasília, DF, 2 jun. 2021b. Disponível em: <http://www.planalto.gov.br/ccivil_03/leis/lcp/Lcp182.htm>. Acesso em: 30 jan. 2024.

BRASIL. Ministério da Economia. Secretaria Especial de Desburocratização, Gestão e Governo Digital. Secretaria de Governo Digital. Departamento Nacional de Registro Empresarial e Integração. Instrução Normativa DREI n. 77, de 18 de março de 2020. **Diário Oficial da União**, Brasília, DF, 24 mar. 2020b. Disponível em: <http://www.juceb.ba.gov.br/wp-content/uploads/2022/06/indrei772020.pdf>. Acesso em: 28 fev. 2024.

BRASIL. Ministério da Justiça e Segurança Pública. Conselho Administrativo de Defesa Econômica. **Parecer n. 15/2019/CGAA4/SGA1/SG**. Brasília, DF, 6 set. 2019c. Disponível em: <https://sei.cade.gov.br/sei/modulos/pesquisa/md_pesq_documento_consulta_externa.php?DZ2uWeaYicbuRZEFhBt-n3BfPLlu9u7akQAh8mpB9yPnPtYc7BuhmeNp_tV2y0Aq5XJbtaKhUHxVsvNnGIHPR4PeV37ak9Lnv0hDLK9GX7vlXVP1WPfQ51az8MEyszt9>. Acesso em: 28 fev. 2024.

BRASIL. Ministério do Desenvolvimento, Indústria, Comércio e Serviços. **Mapa de Empresas**. Disponível em: <https://www.gov.br/empresas-e-negocios/pt-br/mapa-de-empresas>. Acesso em: 28 fev. 2024.

BRASIL. Senado Federal. **Relatório Final da CPI dos Bingos**. Brasília, 2006b. Disponível em: <https://www.senado.gov.br/comissoes/cpi/bingos/relfinalbingos.pdf>. Acesso em: 30 jan. 2024.

CADE – Conselho Administrativo de Defesa Econômica. **35 Anos em defesa da concorrência**: Relatório Anual 1996. Brasília, 1997. Disponível em: <https://cdn.cade.gov.br/Portal/acesso-a-informacao/auditorias/exercicios-anteriores/1996/rel_1996.pdf>. Acesso em: 24 jan. 2024.

CADE – Conselho Administrativo de Defesa Econômica. Departamento de Estudos Econômicos. **Documento de Trabalho n. 003/2019**: Avaliação *ex-post* de ato de concentração – o caso Sadia-Perdigão. Brasília, 2019. Disponível em: <https://cdn.cade.gov.br/Portal/centrais-de-conteudo/publicacoes/estudos-economicos/documentos-de-trabalho/2019/documento-de-trabalho-n03-2019-avaliacao-ex-post-de-ato-de-concentracao-o-caso-sadia-perdigao.pdf>. Acesso em: 24 jan. 2024a.

CADE – Conselho Administrativo de Defesa Econômica. **Institucional**. Disponível em: <https://www.gov.br/cade/pt-br/acesso-a-informacao/institucional>. Acesso em: 24 jan. 2024.

CAMPINHO, S. **Curso de direito comercial**: direito de empresa. 19. ed. São Paulo: SaraivaJur, 2023a.

CAMPINHO, S. **Sociedade anônima**. 7. ed. São Paulo: SaraivaJur, 2023b.

CARDOSO, U. C. **Cooperativa**. Brasília: Sebrae, 2014.

CHAGAS, E. E. das. **Direito empresarial**. 10. ed. São Paulo: SaraivaJur, 2023.

CJF – Conselho da Justiça Federal. **Enunciado 53**. Disponível em: <https://www.cjf.jus.br/enunciados/enunciado/754>. Acesso em: 24 jan. 2024a.

CJF – Conselho da Justiça Federal. **Enunciado 94**. Disponível em: <https://www.cjf.jus.br/enunciados/enunciado/1344>. Acesso em: 24 jan. 2024b.

CJF – Conselho da Justiça Federal. **Enunciado 210**. Disponível em: <https://www.cjf.jus.br/enunciados/enunciado/410>. Acesso em: 24 jan. 2024c.

CJF – Conselho da Justiça Federal. **Enunciado 223**. Disponível em: <https://www.cjf.jus.br/enunciados/enunciado/438>. Acesso em: 24 jan. 2024d.

CJF – Conselho da Justiça Federal. **Enunciado 486**. Disponível em: <https://www.cjf.jus.br/enunciados/enunciado/529>. Acesso em: 24 jan. 2024e.

COELHO, F. U. **Curso de direito comercial**. 15 ed. São Paulo: Saraiva, 2011a. v. 2.

COELHO, F. U. **Manual de direito comercial**: direito de empresa. 23. ed. São Paulo: Saraiva, 2011b.

CONSELHO FEDERAL DA ORDEM DOS ADVOGADOS DO BRASIL. Regulamento Geral do Estatuto da Advocacia e da OAB. **Diário da Justiça**, Brasília, DF, 16 nov. 1994. Disponível em: <https://www.oab.org.br/pdf/Regulamento%20Geral%20da%20OAB.PDF>. Acesso em: 29 fev. 2024.

CVM – Comissão de Valores Mobiliários. Resolução n. 24, de 5 de março de 2021. **Diário Oficial da União**, Brasília, DF, 8 mar. 2021a. Disponível em: <https://conteudo.cvm.gov.br/export/sites/cvm/legislacao/resolucoes/anexos/001/resol024consolid.pdf>. Acesso em: 1º ago. 2023.

CVM – Comissão de Valores Mobiliários. Resolução n. 44, de 23 de agosto de 2021. **Diário Oficial da União**, Brasília, DF, 24 ago. 2021b. Disponível em: <https://conteudo.cvm.gov.br/export/sites/cvm/legislacao/resolucoes/anexos/001/resol044consolid.pdf>. Acesso em: 10 nov. 2023.

DINIZ, G. S. **Curso de direito comercial**. 2. ed. Barueri: Atlas, 2022.

DINIZ, M. H. **Curso de direito civil brasileiro**: direito de empresa. 15. ed. São Paulo: SaraivaJur, 2023. v. 8.

FINKELSTEIN, M. E. **Manual de direito empresarial**. 8. ed. rev., ampl. e ref. São Paulo: Atlas, 2016.

GOMES, F. B. **Manual de direito empresarial**. 9. ed. Rio de Janeiro: Método, 2022.

HOF, R. D. The 'Click Here' Economy. **Business Week**, 22 June 1998, p. 62-68.

LEI Complementar que estabelece Marco Legal das Startups entra em vigor nesta terça-feira (31). 31 ago. 2021. Disponível em: <https://www.gov.br/pt-br/noticias/financas-impostos-e-gestao-publica/2021/08/lei-complementar-que-estabelece-marco-legal-das-startups-entra-em-vigor-nesta-terca-feira-31>. Acesso em: 30 jan. 2024.

LEITE, C. H. B. **Curso de direito do trabalho**. 13. ed. São Paulo: Saraiva Educação, 2021.

MAGALHÃES, G. **Direito empresarial facilitado**. 2. ed. Rio de Janeiro: Método, 2022.

MAMEDE, G. **A advocacia e a Ordem dos Advogados do Brasil**. 6. ed. São Paulo: Atlas, 2014.

MAMEDE, G. **Direito societário**. 14. ed. Barueri: Atlas, 2022.

MAMEDE, G. **Manual de direito empresarial**. 17. ed. Barueri: Atlas, 2023.

NATURA. **Relatório de Administração 2019**. São Paulo, 2020. Disponível em: <https://s3.glbimg.com/v1/AUTH_63b422c2caee4269b8b34177e8876b93/valorri-uploads/bs/2020/3/l/Dmc6JwS5u3mdZF49TA5A/0603-natura-cosmeticos.pdf>. Acesso em: 29 jan. 2024.

NEGRÃO, R. **Curso de direito comercial e de empresa**: teoria geral da empresa e direito societário. 19. ed. São Paulo: SaraivaJur, 2023a. v. 1.

NEGRÃO, R. **Manual de direito empresarial**. 13. ed. São Paulo: SaraivaJur, 2023b.

OAB – Ordem dos Advogados do Brasil. Provimento n. 112, de 10 de setembro de 2006. **Diário da Justiça**, Brasília, DF, 11 out. 2006. Disponível em: <https://www.oab.org.br/leisnormas/legislacao/provimentos/112-2006/>. Acesso em: 30 jan. 2024.

ONU – Organização das Nações Unidas. **Agenda 2030 para o Desenvolvimento Sustentável**. 15 set. 2015. Disponível em: <https://brasil.un.org/pt-br/91863-agenda-2030-para-o-desenvolvimento-sustent%C3%A1vel>. Acesso em: 30 jan. 2024.

PETROBRAS. **Lideranças**: conheça a nossa diretoria e veja como estamos organizados. Disponível em: <https://petrobras.com.br/quem-somos/liderancas>. Acesso em: 24 jan. 2024a.

PETROBRAS. **Perfil**: conheça mais sobre a nossa empresa. Disponível em: <https://petrobras.com.br/quem-somos/perfil>. Acesso em: 24 jan. 2024b.

SACRAMONE, M. B. **Manual de direito empresarial**. 4. ed. São Paulo: SaraivaJur, 2023.

SALOMÃO FILHO, C. **O novo direito societário**: eficácia e sustentabilidade. 5. ed. São Paulo: Saraiva Educação, 2019.

SEBRAE. Disponível em: <https://sebrae.com.br/sites/PortalSebrae>. Acesso em: 30 jan. 2024.

SMILES. **Histórico e perfil corporativo**. Disponível em: <https://ri.smiles.com.br/a-companhia/historico-e-perfil-corporativo/>. Acesso em: 29 jan. 2024.

SPINELLI, L. F.; SCALZILLI, J. P.; TELLECHEA, R. **Sociedade em conta de participação**. 2. ed. São Paulo: Almedina, 2023.

TEIXEIRA, T.; LOPES, A. M. (Coord.). **Startups e inovação**: direito no empreendedorismo. 2. ed. Barueri: Manole, 2020.

TOMAZETTE, M. **Teoria geral e direito societário**. 14. ed. São Paulo: SaraivaJur, 2023.

VENOSA, S. S.; RODRIGUES, C. **Direito empresarial**. 11. ed. Barueri: Atlas, 2023.

VIDO, E. **Curso de direito empresarial**. 11. ed. São Paulo: SaraivaJur, 2023.

Sobre o autor

Jailson de Souza Araujo é doutor em Direito Econômico e Desenvolvimento pela Pontifícia Universidade Católica do Paraná (PUCPR); mestre em Direito Socioambiental e Sustentabilidade pela PUCPR; especialista em Processo Civil e em Direito Civil e Direito Empresarial pela PUCPR; e graduado em Direito pela PUCPR. É professor permanente do programa de mestrado em Direito, da especialização e da graduação (presencial e EaD) do Centro Universitário Internacional Uninter. Tem experiência na área de direito com ênfase em direito digital, direito civil, direito do consumidor e direito empresarial. Realiza pesquisa em direito e novas tecnologias. Atua como professor de Direito Societário desde 2006.

Impressão:
Outubro, 2024